故宮
收藏

Collections of the Palace Museum

青銅器
Bronzes

你應該知道的200件

北京故宮博物院——編

丁 孟——主編

藝術家 出版社

Artist Publishing Co.

1

獸面紋爵
【商代前期】
通高16.1公分　寬14.8公分　重0.24千克

◎橢圓形口，窄長流，短尾，薄壁，矮柱立於流口，腹腰間有折稜，平底，三稜錐足略向外侈。腹飾獸面紋。

2
網紋斝
【商代前期】
通高25.8公分　寬17.1公分　重0.93千克

◎口部圓形外侈，束腰，腰腹間有明顯分界，平底下接三只錐形空足。器身有弧形鋬，與一足在同一條直線上；口沿立有兩柱，柱較矮，上有釘狀帽。器表裝飾簡單，僅腰部有一道紋帶。紋帶為網狀幾何紋，空間綴有乳丁。

3
獸面紋尊
【商代前期】
通高32.4公分　寬24.1公分　重3.03千克

◎直口，捲沿，高頸，寬肩，鼓腹，圈足。頸飾弦紋，肩飾連珠紋鑲邊的目紋，腹部飾獸面紋和連珠紋，圈足上有十字鏤孔。

4
弦紋盉
【商代前期】
通高21.2公分　寬14.7公分　重1.36千克

◎腹身由三個牛角狀的袋足組成，管狀流斜出於隆起的圓形封頂上，封頂上留有雞心狀口，與流對應的腹側有一鋬。身飾三道凸弦紋。

5
獸面紋鼎
【商代前期】
通高21公分　寬18.3公分　重1.04千克

◎圓腹，扁足，立耳。一耳對準一足，另一耳在二足之間，平口折沿，腹飾寬帶浮雕獸面紋，素地。足飾仰夔紋，有鈎狀稜脊。

◎這種鼎流行於商代前期。

6
獸面紋鼎
【商代前期】
通高21.1公分　寬16.5公分　重1.02千克

◎深腹，小耳。錐足中空，其中一耳與一足成直線，形成不平衡狀態。口下飾連珠紋鑲邊的獸面紋。

7
獸面紋甗
【商代後期】 清宮舊藏（原藏頤和園）
通高80.9公分　寬44.9公分　重40.02千克

◎該甗腹部紋飾以細密的雲雷紋為地，上部飾獸面紋，下飾蕉葉紋，足上飾三組浮雕式牛角獸面紋。

◎甗是蒸煮器，由上部甑和下部鬲組成，整器一次鑄成，細腰內側設帶孔的箅。甑裝食物，鬲內盛水，底下燒火，蒸炊食物。這件甗體形巨大，氣勢雄渾，屬商後期大甗。

8
獸面紋鼎
【商代後期】
通高23公分　寬17.8公分　重1.97千克

◎高頸鬲形腹，尖錐實足。在形制上，保留商代前期的鼎制，一耳對準一足，一耳在兩足之間。但在紋飾技法及分布手法上，已具有商後期風格。紋飾滿裝，有分化明顯的二個裝飾帶；高頸飾目雷紋；腹飾獸面紋，紋飾單層，主要為寬帶深刻技法，但紋飾已具有複層的雛形。稜脊鼓出，具有殷墟青銅器特徵。

◎安徽阜南出土。

9
尹鼎
【商代後期】
通高24.4公分　寬16.6公分　重2.5千克

◎圓體，鼓腹，雙立耳，三柱足。頸部飾六凸稜間飾夔紋，腹飾菱形雲雷紋及乳丁，足飾蕉葉紋。器內壁有一「尹」字。

釋文：
作父乙
□□

10
作父乙鼎
【商代後期】
通高28.7公分　寬24公分　重6.88千克

◎深腹，立耳，柱足鼎。器身紋飾為主紋高鼓，餘有雷紋襯底的饕餮紋，足飾深刻垂葉紋。

◎河南安陽出土。

11
正鼎
【商代後期】
通高35.5公分　寬21.8公分　重4.36千克

◎直耳，圓口方唇，淺腹圜底，三條夔紋足外撇，龍頭向上，口抵鼎底，尾尖上翹，腹上部飾六夔龍紋，長身卷尾，組成獸面紋三組。內底正中鑄銘文「正」字。

釋文：
王賜小臣舌湡
積五年，舌用
作享太子乙家
祀尊。巽。父乙

12
小臣舌方鼎
【商代後期】清宮舊藏（原藏頤和園）
通高29.6公分　寬22.5公分　重6.18千克

◎器身呈方斗形，口大底小，底稍外鼓，平沿，沿上有雙立耳，四柱形足。器身四角及四壁中部皆有扉稜。四壁紋飾相同，口沿下飾夔龍紋，腹壁飾由夔龍紋組成的獸面紋，以雲雷紋為地紋，四柱足飾填以雲雷紋的倒三角紋。

◎方鼎內壁有銘文四行二十二字。銘文記述商王賞賜其近臣小臣舌湡地五年的積貯。舌因此做了這件鼎，置於家廟，用來祭享死去的父親太子乙。舌的家族名號是「巽」。

13
亞念匕
【商代後期】
通高20.2公分　寬3.8公分　重0.14千克

◎邊稜由後往前漸趨隱沒，上有短線紋。器體上部有一行二字銘文。

◎匕是挹取飯食或牲肉的器具，多與鼎、鬲相伴出土。商代的匕有文字者較少見。

14
癸簋
【商代後期】
高12.7公分　寬12.8公分　重1.78千克

◎侈口，短折沿，頸部略收，肩部斜下，鼓腹稍下垂，圈足較高，上小下大。方形鏤孔位於圈足上方，器表裝飾繁縟，口沿下飾蕉葉紋內填雲雷紋。頸部飾目雷紋，兩面均以小獸首為中心兩相對稱。器內有銘文「癸」二字。

◎河南安陽出土。

15
邐簋
【商代後期】
通高14.2公分　寬25.5公分　重2千克

◎侈口，束頸，腹壁較直，高圈足。腹兩側有雙耳，耳上飾鹿頭。頸飾由兩組相對的夔龍紋組成的紋帶，中間以兩浮雕牛頭相隔，雲雷紋為地。圈足飾獸面紋組成的紋帶，也以雲雷紋為地紋。

◎器內底銘文三行二十字，大意為：在辛巳這一天，商王在廳中宴請眾官員，隨後又在京地舉行祭享典禮。邐因參與上述活動有功而被商王賞賜兩串貝。為此做簋，用以紀念太子丁。

◎邐的家族名號是「𡨋」。

◎圓體，深腹兩側各有一獸耳，圈足，有蓋，蓋頂正中有一圓握，上有二穿孔，握兩側各有一繫。蓋邊、頸及足均飾夔紋組成的獸面紋，頸部前後兩面各飾一凸犧首。

◎此簋蓋、器對銘三行十六字。記己亥這一天，王賞賜貝，在闌地。因此為父己作祭器。作器者的族名是「亞畧」。

◎傳河南洛陽出土。

（蓋銘）

（器銘）

17
枚父辛簋
【商代後期】清宮舊藏
通高18公分　寬25.1公分　重5.36千克

◎圓體，大腹，侈口，雙獸耳，圈足。頸部前後各有一浮雕獸面，獸面兩側飾夔紋，腹飾獸面紋，足飾夔紋，雙耳內飾蟬紋，器外底飾凸起的蟠龍紋。

◎銘文：「枚父辛」一行三字在器內底。

18
乳丁三耳簋
【商代後期】清宮舊藏（原藏頤和園）
高19.1公分　口.30.5公分　重6.94千克

◎圓體，深腹，高圈足。口沿下線刻三圈目雷紋，腹部在菱形格紋地上飾乳丁紋。圈足微外撇，用柔和勻均的線條刻成三組獸面紋，以細密的雷紋為地。每組獸面紋的中心線準確地位於兩耳之間。這種有規律的紋飾組合，具有濃厚的裝飾色彩。耳作成獸形，雕刻精美，獸面部表情很生動。

釋文：

19
𢀛豆
【商代後期】
通高10.5公分　寬12.1公分　重0.68千克

◎圓體，淺腹，直壁，直口，高圈足。口下有凹槽一圈，腹飾渦紋，足飾弦紋二圈。

◎銘文「𢀛」字在器內底上。

◎豆是一種食器，最早出現在商後期，盛行於戰國時期。從該豆的造型、紋飾及鑄造工藝看，在青銅豆中具有較原始特徵。

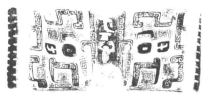

20
子工萬爵
【商代後期】
通高21.1公分　寬16公分　重0.76千克

◎體圓，有流，有尾，三稜形足，口上有二菌形柱，腹上有一獸首鋬。口、流、尾下均飾蕉葉紋，腹飾獸面紋。

◎銘文：「子工萬」三字在鋬內。

釋文：
父
己

21
父己角
【商代後期】
通高20.5公分　寬16.5公分　重1千克

◎兩尾上翹，直腹深長，圜底旁接外撇三支三稜壯實錐足。鋬為半環形。頸部飾蕉葉紋，腹部在雲雷紋地上加飾一行獸面紋，角、眉、眼、鼻、嘴都很分明。

◎鋬內腹壁上鑄有銘文「父己」。

◎方體，有蓋，四足。蓋飾獸面紋，正中以兩立鳥為鈕。口沿與柱帽上均飾三角仰葉紋。腹部飾凸起的獸面紋，獸面兩側有倒夔紋，下以雲雷紋作地。鋬上雕飾獸首。四足飾雲雷紋、夔紋，呈蕉葉形。通體綠鏽，甚為美觀。

◎彝的銘文都在鋬下，此彝只有一個「冊」字，卻在蓋內。

◎彝為飲酒器。

22
冊方彝
【商代後期】
通高28.5公分　寬16.2公分　重3.12千克

23
獸面紋斝
【商代後期】
通高34公分　寬27.5公分　重3.58千克

◎圓形體，侈口，上有二菌形柱，束腰，腹上有一鋬，三袋狀足。柱頂飾渦紋，腹足飾獸面紋。

◎高體細腹，大喇叭口，圈足折底。腹部及圈足都飾以牛角式饕餮紋兩組，不飾地紋。腹足間飾凸弦紋二周，有對稱的十字鏤孔一對。

◎觚的銘文一般都在足內壁上，此觚的銘文「仐」卻在足外壁花紋上，這種現象比較少見。

24

仐觚

【商代後期】

通高26.5公分　寬15.5公分　重1.16千克

25
受觚
【商代後期】
通高26.4公分　寬14.8公分　重0.93千克

◎細高體，喇叭口，腹微外鼓。圈足上有兩個貫通的十字孔。頸飾蕉葉紋，腹飾俯首直體的夔龍紋，圈足透雕，作曲折角的卷體夔龍紋，以鏤空的線條作夔龍的輪廓線，具有極佳地裝飾效果。
◎銘文一「受」字在足內壁上。

山婦

26
山婦觶
【商代後期】
通高17.5公分　寬6公分　重0.66千克

◎橢圓體。窄口緣，口徑略小於腹徑，鼓腹，圈足，有蓋。
蓋頂有菌狀握，飾目雷紋；頸、足均有突稜，飾夔紋。
◎銘文「山婦」二字在器內。

（蓋銘）　（器銘）

27
亞黿觶
【商代後期】
通高19.5公分　寬9.7公分　重0.88千克

◎圓體，鼓腹，束頸，侈口，圈足。蓋頂上有一雙獸組成的環鈕，蓋與器用鏈相連。蓋、頸及足均飾回紋一圈。
◎蓋內和器外底分別鑄有銘文「亞黿」與「」。

◎尊為大口廣肩型，厚唇外折，細頸上有三道凸弦紋。肩部等距離地裝飾三隻高浮雕形式的捲角羊頭，間以雲雷紋為地的目形紋飾，腹部較肥碩，紋飾更為華麗。在雲雷紋地上有三組獸面紋，用誇張的手法突出了獸面上最能傳神的眼睛，增加了肅穆莊重的氣氛。圈足較高，上邊有兩條凸弦紋，中間有三個等距離的較大圓形孔，這是商代銅器的典型特徵之一，圈足的下部在雲雷紋地上飾了六組獸面紋。全器圖案布局錯綜複雜，繁而不亂。

◎這件尊是經過兩次鑄造而成的，先鑄尊體，並在相應的位置上預留孔道，然後在孔道上再搭陶範，鑄製羊頭。這表現了當時冶鑄工藝已達到很高的水平。

◎三羊尊是目前我國發現的同類器物中之最大者。

28
三羊尊
【商代後期】
通高52公分　寬61公分　重51.3千克

◎敞口，圓腹，圈足上有「十」字形孔。口沿下飾蕉葉紋、帶狀雷紋，二者間飾以連珠紋。腹部主要紋飾是九隻長鼻高捲，相逐而行的大象，以雲紋為地，象身還飾以線刻。圈足飾以瓦稜紋。

◎外底有一字銘文「友」。

◎傳河南安陽出土。

29
友尊
【商代後期】
通高13.2公分　口.20.7公分　重2.72千克

釋文：
亞醜者姛以
大子尊彝

◎體作正方形，侈口，鼓腹，高圈足。頸、腹、足均有縱向凸稜八條，肩上四角各有一立體象首，大耳，鼻上捲，雙齒外露，兩象首間均有一立體獸首。獸角向上呈花瓣狀，頸部凸稜伸出口沿。頸飾夔紋，腹、足均飾獸面紋。

◎銘文二行九字在口內壁上。

30
亞醜方尊
【商代後期】清宮舊藏
通高45.5公分　寬38公分　重21.5千克

31
亞醜方尊
【商代後期】清宮舊藏
通高60.8公分　寬37.6公分　重20.8千克

◎方體，大腹，直口，方圈足。肩兩側各有一獸首銜環，肩前後各有一浮雕獸首，正面腹下有一獸首鋬。蓋作屋頂狀，頂上一鈕。蓋、頸、肩、腹均飾八凸稜，蓋、肩、腹均飾獸面紋和夔紋。

◎蓋、器九字對銘，蓋二行，器四行。

釋文：
亞醜者姤以
大子尊彝

（器銘）

（蓋銘）

32
乃孫祖甲罍
【商代後期】
通高41.8公分　寬39公分　口.18公分　重11.34千克

◎圓體，直頸，侈口，平沿，廣肩，圈足。肩飾雙獸首銜環，頸部飾弦紋二道，肩部飾六個凸起的圓渦紋，腹下部有獸首鼻。

◎口內壁有銘文三行十七字。

33

獸面紋瓿

【商代後期】清宮舊藏（原藏頤和園）

高16.8公分　寬23.5公分　口.16.1公分　重2.5千克

◎圓體，大腹，斂口，圈足。口沿下飾兩道弦紋，腹部飾由各種形狀的雲雷紋組合成的兩種獸面紋。圈足飾雲雷紋，有三個穿孔。

34
鳶祖辛卣
【商代後期】清宮舊藏（原藏頤和園）
通高36.4公分　寬18.4公分　重4.04千克

◎蓋有捏手，提樑兩端作獸首形。
細頸，腹下部鼓出，圈足。蓋面、
器頸和圈足均飾獸面紋，器頸在獸
面中間加飾小獸首。
◎蓋器對銘，各鑄銘文三字。

釋文：
鳶祖辛

35
十字洞腹方卣
【商代後期】
通高34.54公分　寬15公分　重3.54千克

◎圓頸方腹，腹設長方形空槽，下
　承圈足。敞口，加蓋，頸側有鈕，
　鏈繫扁平半杯形提樑。器身滿布紋
　飾，蓋面飾兩組省體獸面紋，提樑
　外飾蟬紋，頸下部飾環柱角展體上
　捲尾獸面紋，腹部下方槽四周飾獸
　面紋和獸目交連紋，圈足處也有獸
　面交連紋。
◎這件方卣造型獨特，腹上槽孔，
　四面貫通，不僅工藝卓絕，而且大
　大增加了熱水溫酒的實效。

36
ㄐ田父乙卣
【商代後期】
通高31.4公分　寬27.7公分　重6.2千克

◎器的四面皆出稜脊，給人以凝重之感。提樑兩端飾獸頭。全器以纖細的雲雷紋為地，蓋頂與器腹為大獸面，雙目特大；蓋沿與圈足是夔龍紋。

◎蓋器對銘，各有銘文四字，記此器是為ㄐ田家族的父乙所做。

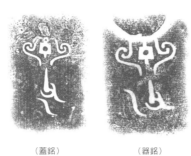

（蓋銘）　　　（器銘）

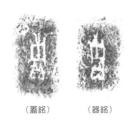

37
葡貝鴞卣
【商代後期】
通高17.1公分　寬14.2公分　重1.18千克

◎作兩鴞相背形。鈕帽菌形，上飾雲紋。腹飾鴞翼紋，器兩側口下沒設提樑，而增飾浮雕獸首，四矮獸足。
◎蓋內和器底均有銘文「苟貝」二字。

◎橢圓體。短頸，兩側有環，套鑄提樑，鼓腹，圈足外侈。
有蓋，上飾菌形握。頸前後各飾一獸首。蓋沿、頸、足均飾
夔紋。
◎蓋與器內均有銘文「亞獏父丁」。器外底鑄七行三十九
字，大意是：在丙辰這一天，商紂王命令𠬝其巡視夆地，在
附近擁地田獵，並贈送夆地酋首一雙鹿皮。夆地酋首返贈𠬝
其五串貝。時值商王室祭祀大乙的配偶妣丙。這些都發生在
商紂王二年肜日祭祀時期的正月。這樣，𠬝其對天上的上帝
和下帝商王就都有了貢獻。其家族的名號是「亞獏」，器是
為紀念死去的父親丁而做。
◎河南安陽出土。

38
二祀𠬝其卣
【商代後期】
通高38.4公分　寬3.69公分　重8.86千克

（蓋銘）　　　　（器銘）

釋文：
丙辰，王令卹
其琅麗，殷
於夆，田雝。實
貝五朋。在正月，遘
於妣丙，肜日，大乙奭。
唯王二祀。既
珷於上下帝

（器外底銘）

39
四祀邲其卣
【商代後期】
通高34.5公分　寬19.3公分　重4.2千克

◎圓體，長頸，兩側有環，套鑄雙獸
頭樑，腹深且下垂，圈足外侈。蓋上
有圓形握，蓋、樑、足均飾雷紋，頸
飾獸面紋。

◎蓋與器內有「亞獏父丁」四字。器
外底鑄銘文八行四十二字，大意是：
在乙巳這一天，商紂王說：「敬奉亡
父文武帝乙酒肴。」時值在召大廳，
在翌日祭祀期內對己的祭典。第二
天丙午，行龠祭。第三天丁未，行勠
祭。第五天己酉，王在栖地，賞賜給
邲其貝。這些都發生在商紂王四年，
翌日祭祀時期內的四月。

◎河南安陽出土。

釋文：

乙巳，王曰：「尊

文武帝乙宜。」

在召大廳，遘

乙，翌日。丙午，衉。

丁未，鴶。己酉，王

在梌，卲其賜貝。

在四月，唯

王四祀，翌日。

（器外底銘）

釋文：

亞獏父丁

（蓋銘）　　　　（器銘）

◎橢圓體，短頸鼓腹，圈足外撇，頸兩側環耳內套鑄提樑。有蓋，蓋頂圓拱，上有一菌狀握。蓋、樑、腹、足均飾夔紋，頸飾兩個對稱的犧首。

◎蓋與器對銘，各有銘文五行二十九字，大意是：在乙亥這一天，𢀛其賜予作冊擊兩件玉器，擊為祖父癸作了這件卣。事情發生在商紂王六年翌日祭祀時期內的六月。做器者擊的家族名號與𢀛其相同，也是「亞獏。」

◎河南安陽出土。

40
六祀𢀛其卣
【商代後期】
通高23.7公分　寬15.7公分　重1.98千克

釋文：
乙亥，卬其賜作
册嬰圭一、珽一，用作
祖癸尊彝。在六
月，唯王六祀，翌日。
亞獏。

（蓋銘）

（器銘）

41
獸面紋兕觥
【商代後期】
高14.9公分　寬19.8公分　重2.86千克

◎通體作獸形，有蓋，獸首鋬，圈足。蓋做成獸頭狀，雙角間起稜脊，兩側飾夔紋。腹飾獸面紋，圈足飾目雷紋。

◎兕觥是飲酒器，用作「罰爵」。

◎傳河南安陽出土。

42
王之女叙方彝
【商代後期】
通高29.5公分　寬18.6公分　重4.65千克

◎方體，深腹，直口，直壁。器腹向下延伸為足，蓋作屋頂形，頂上一鈕，蓋、腹均有八凸棱，足有四豁口。蓋、腹均飾獸面紋。

◎蓋與器內均有銘文一行四字。此器未見著錄。

43
矢壺
【商代後期】
高34.6公分　寬24.5公分　口徑19×14.5公分　重6.49千克

◎扁圓形體，侈口，碩腹下垂，雙貫耳，圈足。通體均以細密的回紋為地。從口沿至圈足共飾六層紋飾，分別間飾獸面紋和夔紋，線條華麗流暢。雙耳亦飾獸面。

◎器底鑄一「矢」字，因以為名。

◎傳河南安陽出土。

44
亞鳥寧盉
【商代後期】
通高31公分　寬12.5公分　重3.86千克

◎圓體，深腹，束頸，侈口，腹上有獸首鋬，頸部有一管狀流，腹下三柱足，蓋頂一菌形鈕，蓋與器有鏈連接。蓋、頸均飾獸面紋一周。

◎有銘文二行六字。

◎圓形，折沿，高圈足。盤內飾龍紋，龍首居中，身尾盤繞其外。外腹部飾雷紋帶，並增置三隻浮雕獸頭。圈足上部有三個等距離的較大圓形孔，圈足下部在雲雷紋地上飾了三組獸面紋，中間隔以扉稜。

◎盤內底龍首處有銘文「亞凭」二字。

45
亞凭盤
【商代後期】
通高12.8公分　寬35.3公分　重4.42千克

46

獸面紋鐃（3件）

【商代後期】
通高19.3公分　寬14.5公分　重0.96千克
通高16.8公分　寬12公分　重0.64千克
通高14.5公分　寬10.2公分　重0.46千克

◎此組銅鐃三件一編，造型紋飾相同，大小相次。鐃腔如合瓦狀，長甬，中空與腹通。鐃兩面各為一浮雕獸面紋。

◎鐃是我國最早使用的青銅打擊樂器之一，用於祭祀和宴樂。

47
獸面紋大鉞
【商代後期】
通高34.3公分　寬36.5公分　重5.8千克

◎此鉞形體巨大，器身方正，弧形刃，兩角外侈，平肩上有兩穿，用來縛扎鉞柄。鉞身裝飾有精美花紋，上部獸面紋間隔高浮雕圓形圖案，下方則飾以細膩的三角形獸面紋。

◎鉞是刑殺的兵器，執有者被賦予兵權，大型鉞往往是權力的象徵，起儀仗作用，表示出地位的高貴和權力的顯赫。

◎傳河南安陽出土。

48
獸面紋鉞
【商代後期】
通高18.4公分　寬8.6公分　重0.52千克

◎弧刃，直內，杏形銎便於安裝木柄。身飾半浮雕獸面紋，
威嚴凝重。內上飾圓渦紋和芒狀紋。

49
大刀
【商代後期】
通長69.2公分　寬12.5公分　重1.92千克

◎柄殘，但柄與刀身分界明顯，弧形刃，刀背厚，上有扉，鏤空成紋。

◎此刀形體巨大，是迄今所發現的青銅刀中最大者，有「刀王」之譽。為對開範一次成型。據現有考古資料，商代大刀僅出土於大、中型貴族墓中，不見於小型墓。

◎傳河南安陽出土。

50
嵌紅銅棘紋戈
【商代後期】
通長21.1公分　寬6.9公分　重0.26千克

◎戈援較寬，援脊部飾紅銅鑲嵌的同枝橫刺的棘紋圖案，工藝純熟。

◎此戈是目前最早的青銅器嵌紅銅實物資料。

51
獸面紋戈
【商代後期】
通長24公分　寬8.1公分　重0.4千克

◎直內，直援有中脊。援與內交接處有欄，欄下飾獸面紋，獸角凸起作浮雕狀。
◎傳河南安陽出土。

52
玉刃矛
【商代後期】
通高18.3公分　寬4.8公分　重0.1千克

◎該矛葉形，玉質，鑲於青銅骹上，玉矛兩側研磨呈弧形，前鋒尖銳，葉面中脊明顯，銅骹部較長，兩側有雙繫，用於繫繩固定矛杆。骹兩面飾陽線蕉葉紋和獸面紋。

◎矛本是古代用於衝刺的兵器，此矛作玉刃，是品級很高的儀仗用具。

53
獸面紋胄
【商代後期】
通高22.8公分　寬22.5公分　重1.78千克

◎圓頂帽形。正面下方開一長方形缺口，左右及後部向下延伸，以保護耳和頸。正面有脊稜，直通頭頂。胄頂有小管，可以插裝飾物。胄面飾簡化獸面紋。

◎胄是古代作戰時防護頭頸部的用具。

西周

西周早期指武、成、康、昭四土大約六十餘年的時間，此期青銅器總體上繼承了商代晚期凝重典雅的風格，方座簋、四耳簋等是新出現的形制，獸面紋、夔紋、不分尾鳥紋等動物紋飾仍占主導地位。

此期青銅器長篇銘文增多，有的直接記載了武王伐紂、周公東征等重大歷史事件，有的記述了分封諸侯，祭祀祖先及與殷遺、鬼方、楚荊的戰爭和賞賜臣工等。此期仍應為青銅時代的鼎盛時期。

西周中期指穆、恭、懿、孝、夷五王所在的百餘年，此期出現盨、盙、匜等新器類，紋飾以大小分尾鳥紋、顧首夔紋、竊曲紋為主。此期銘文有的涉及當時土地和法律制度，有的則記載賞賜冊命。銘文字體波磔漸少，結構趨於疏散。

西周晚期指厲王、共和、宣王、幽王等近百年時間，此期鼎多蹄足，簋多鼓腹有蓋。紋飾以竊曲、瓦紋、波帶、重環為主。

銘文在百字以上者屢見不鮮，有的可達近五百字，多記載對淮夷和玁狁的戰爭、土地糾紛、法律訴訟和賞賜冊命等，其內容多可與《詩經》、《尚書》等古文獻相比附。銘文行款整齊，筆劃勻稱。

西周早期有單獨的鐘與鈴，到末段出現編鐘。西周中晚期編鐘出現較普遍，它是在殷代成組鐃的基礎上發展起來的一種打擊樂器，分甬鐘、鈕鐘兩式，編懸成列，有多至十餘枚者。

據金文記載，西周王室建有駐防西土（周原豐鎬地區）的西六師和駐防東土（成周洛陽、殷都朝歌）的成周八師、殷八師，各諸侯國及大貴族還有自己的家庭武裝。戰爭的主要形式是車戰。

此期遠射的矢鏃仍為雙翼，但鏃鋒夾角加大，倒刺尖銳。戈以直內、圭鋒、中胡二穿為主。矛秘加長，葉變窄。戟長胡多穿，刺體合鑄。

54

作寶尊彝鬲

【西周早期】

通高16公分　寬13.5公分　重0.92千克

◎立耳分襠式鬲。侈口，圓唇，足飾象首紋，裝飾十分簡樸。

◎器內有銘文「作寶尊彝」4字。

有盤鼎

【西周早期】

通高20.2公分　寬16.4公分　重2.26千克

◎圓形淺腹，二直耳，三夔形扁足，足中部有隔似盤，此盤
的用途是放置炭火，用以加熱鼎內食物。頸部飾獸面紋帶，
獸面中間凸起一道扉稜，好像是獸面的鼻子。

◎帶盤鼎較少見，陝西寶雞茹家莊西周墓出土過一件這種形
制的鼎。

釋文：

𣂪

◎圓腹，二直耳，三足形狀近似馬蹄形，器體稜脊四起。全身滿施花紋，深鏤細刻，富麗堂皇。頸部飾雲雷紋填地的對夔紋，張口捲尾，腹下部是三角形的垂葉紋，腹中部則用簡潔的直線紋作裝飾。足的根部飾以獸面。

◎鼎內鑄一「𣂪」字。

◎傳陝西寶雞出土。

56
𣂪鼎
【西周早期】
通高13公分　寬20公分　重2.76千克

釋文：
田告作
母辛尊

57
田告方鼎
【西周早期】
通高15.6公分　寬15公分　重1.68千克

◎長方形器體，四柱足，口沿二直耳。有蓋，蓋上有一半圓形鈕。器四面的頸均飾獸面紋。腹部中心為素面，左右兩側和下部均飾乳丁紋三行。足上飾三角雲紋。

◎蓋與器對銘，各有銘文二行六字，記田告為其母辛做祭器。

◎此鼎為陝西寶雞出土。

釋文：
史游父
作寶尊
彝鼎。七五八。

58
史游父鼎
【西周早期】
通高25公分　寬19公分　重2.52千克

◎分襠，實足，立耳，口微侈。頸部飾列旗獸面紋，獸面中部附飾浮雕犧首。

◎內壁鑄銘文三行九字，記史游父做鼎。銘後所附數位是八卦符號，表明鑄造此鼎時曾經進行一次卜筮。

59
獸面紋鼎
【西周早期】清宮舊藏
通高41.4公分　寬33.7公分　重18.52千克

◎立耳，平沿外折，柱足。紋飾分三組，口下作獸面紋，腹部施垂葉雲紋，足根飾獸面，相互照應，顯得十分得體。
◎此鼎造型凝重，工藝精湛，是西周早期的一件藝術珍品。

60
團龍紋簋
【西周早期】清宮舊藏
通高15.8公分　寬27.3公分　重2.24千克

◎圓腹，侈口，圈足。腹有二獸耳垂珥。腹飾浮雕狀團龍紋，兩兩對峙，鼻上捲，張口，雙齒外露，身尾捲曲。圈足施弓身捲尾夔紋。通體用細雲雷紋填地。

◎此種身尾捲曲的團龍紋，一般見於西周早期的青銅器上，如武王時代的天亡簋，它存在時間較短。

61

菫臨簋

【西周早期】 清宮舊藏

通高16.7公分　寬33.5公分　重3.66千克

◎這是一個雙耳簋，在隆起的腹部上用大獸面來作裝飾。頸部和圈足也都有一道紋帶，用變體夔龍紋和渦紋相間，頸部中間還加飾浮雕犧首。此簋的耳部裝飾十分突出，圓形的耳上部雕鑄獸頭，雙角聳立，突出的上唇下露出兩顆銳利的長牙。耳的大部分又雕刻出一隻鳥，鳥頭抵在犧首的下頦下，突出的鳥嘴向下彎曲，鳥身和兩翼略作弧形、鳥尾與器相合，在耳下方的長方形垂珥上，則刻出鳥足和羽毛。

◎簋內底有銘文八字。記菫臨做此簋為的是祭祀父乙。

62
榮簋
【西周早期】清宮舊藏
通高14.8公分　寬28.8公分　重1千克

◎圓淺腹，平沿，高圈足。四獸耳，每耳的獸頭均高出口沿，並有下垂的長形小珥，小珥近地，上面雕飾獸尾、獸足，使耳與小珥在構圖上成為一個整體。腹部飾圓渦紋和夔紋，夔作倒置狀，圈足飾有四組獸面紋。

◎簋內底有銘文五行三十字。記在正月甲申這一天，榮到了這裡。他是王的叔父，同時，也是朝廷中的大臣，故稱其為「臣父榮」。王賞賜他一個玉勺，以及王用於祭祀的貝一百串。為答謝天子的美意，榮做了用於祭祀的這件寶貴的彝器。

63
作寶彝簋
【西周早期】清宮舊藏（原藏頤和園）
通高25.5公分　寬30.7公分　重5.42千克

◎侈口方唇，鼓腹，圈足下有座。雙耳做成獸首屈舌形，垂珥較長，獸耳高出器口。腹部和方座均飾大獸面，近似浮雕，凸目張口，神態威嚴，腹上獸面中部突起扉稜。圈足飾兩兩相對的夔紋，中隔扉稜。

◎內底鑄「作寶彝」三字，無做器人名。

◎此簋造型莊重，裝飾富麗，是西周早期流行的方座簋。

64
夔紋方器
【西周早期】
通高37公分　寬55.8公分　重17.5千克

◎器呈長方形，四角發圓。深腹，侈口，自口沿向下收斂，使器身形成斜直的斗狀。足呈矩形，足底寬，足腰稍內凹。有蓋，蓋與器的大小基本相同，亦作斜坡狀，蓋頂有長方形捉手，可以「卻置」，即合上為一器，打開則為相同的兩器。

◎全器上下飾有花紋，器頸與腹下部、蓋沿與蓋上部、矩形足與捉手四面均飾夔紋。器和蓋上的夔紋裝飾手法相同，長身，眼凸起，張口，一角，一足，捲尾，並都以雲雷紋為襯托。器腹與蓋上的主題紋飾是直線紋，直線呈輻射狀分佈，形成了與器形相統一的風格。

◎此夔紋方器是一件罕見的大型器，從四角發圓的器形和直線紋與夔紋的裝飾等來判別，應屬於西周早期。

釋文：
魯侯作考爵，鬯亯，
用尊臬盟。

65
魯侯爵
【西周早期】
通高20公分　寬16.2公分　重0.76千克

◎爵體略長，流尾上翹，爵壁較直。無柱（唐蘭先生認為：「附柱，柱折後被磨平者」）。鋬較小，飾有獸頭。圜底，刀形足外撇。腹上下二層雲雷紋帶，中間隔以突起的弦紋。

◎爵尾部口壁內鑄有二行十一字銘文，是爵中銘文較長者。銘文大意是：魯侯為他死去的父親做這個爵，用來放置祭祀父親廟裏的鬯酒和聘禮、盟禮。

釋文：
疑作寶
尊彝。冊。

66
疑觶
【西周早期】
通高15.4公分　寬8.9公分　重0.54千克

◎廣口，束頸，下腹向外傾垂，圈足外侈。有蓋。蓋呈弧面，鈕作半環狀，蓋沿及圈足飾目雷紋，器頸部飾雲雷紋。

◎蓋和器均有銘文六字，記疑做寶尊彝。銘末「冊」是做器者疑的家族名號。

釋文：
齊史疑作
祖辛寶彝

67

齊史疑觶

【西周早期】

通高11.2公分　口徑86.6公分　重0.24千克

◎侈口，寬頸，腹下垂較深，圈足。器外飾有兩個羊首。

◎器底鑄二行八字銘文。記齊的史官疑為其祖父辛做這件寶彝。

◎河南洛陽出土。

68
微師耳尊
【西周早期】
通高25.7公分　寬23.2公分　重3.48千克

◎圓筒形，鼓腹，侈口，圈足。頸下與圈足上部均飾弦紋兩道，腹部上下兩周紋帶均飾雙線勾勒的變形夔紋，夔紋帶上下用圈帶紋鑲邊。

◎尊內底有銘文七行五十二字。記在六月第一個吉日辛卯這一天，侯到了耳的住處。侯讚揚耳，賜給他十家奴僕。微師耳為答謝侯的美意做了這件紀念先祖京公的寶貴彝器，希望京公的後人子孫永以為寶，並祝願侯萬年長壽，耳日日得到侯的好處。

釋文：
唯六月初吉辰在辛
卯，侯格於耳竁，侯休
於耳，賜臣十家。微師
耳對揚侯休，肇作京
公寶尊彝，京公孫子
寶。侯萬年壽考黃
考，耳日受休。

69
叔卣
【西周早期】
通高19.3公分　寬21.6公分　重2.82千克

◎橢方體，大腹，圈足，方口四角發圓。有蓋，蓋頂作喇叭形捉手。器頸與蓋沿均四面鑄有貫耳，兩兩相對。貫耳是穿繫的地方。蓋上與器頸部均飾獸面紋帶。圈足飾細弦紋兩道。

◎卣蓋內與器底有對銘，均五行三十二字。銘文大意：周王在宗周行裸祭。王后和史官叔被派出使太保，太保賞給叔浸過香草的酒、白色的青銅、經過拳養的祭禮用牛牲。叔為答謝太保的美意，做了這件寶貴彝器。

釋文：
唯王禋於宗周。
王姜史叔使於太
保，賞叔鬱鬯、白
金、芻牛。叔對太保
休，用作寶尊彝。

（器銘）

（蓋銘）

70

小夫卣

【西周早期】

通高26.5公分　寬23.4公分　重2.8千克

◎垂腹，圈足。蓋鈕作菌狀，蓋上兩側鑄有「犄角」，提樑的兩端呈羊首形。口下及蓋沿飾垂冠回首夔龍，以雲雷紋填地。口下增飾浮雕羊首。提樑飾蟬紋，圈足施紋一道。

◎蓋內及器底對銘，各鑄八字。記小夫為其父丁宗廟做祭器。

（器銘）

（蓋銘）

釋文：
劉嬀作
寶壺

71

劉嬀壺

【西周早期】清宮舊藏（原藏頤和園）

通高31.4公分　口徑9公分　重2.35千克

◎長頸，兩側有貫耳，深腹，中部漸鼓而下收，圈足隨下腹壁成弧狀外撇。口沿處飾有一道虺紋，下飾獸面紋。

◎口內鑄有二行五字銘文。記劉嬀自做寶壺。

（器銘）　　　（蓋銘）

釋文：
王婦賜保侃
母貝。揚婦
休，用作寶壺。

72
保侃母壺
【西周早期】
通高31.4公分　口徑9.3公分　重2.9千克

◎口圓，頸略短，兩側有貫耳，腹龐大，圈足，有蓋。頸、足各飾一道弦紋。

◎蓋內與器底對銘，各鑄有銘文三行十四字。記王后賞賜其女官保侃母貝。為答謝王后的美意，特做此壺。

釋文：
伯作寶尊盂，其萬
年孫子永寶用享。

◎圓腹，捲沿，二附耳，圈足。頸部前後飾浮雕獸首，獸首
兩側飾夔首鳥身的變形夔紋，也稱夔鳥紋。腹部飾寬葉紋，
圈足上飾對角夔紋。

◎盂內底有銘文二行十四字。大意是說：伯做了這件寶貴的
盂，希望後代子孫永遠享用，並以此為寶。

73
伯盂
【西周早期】清宮舊藏（原藏頤和園）
通高39.5公分　口徑53.3公分　重35.8千克

◎平口，頂上有半環形鈕，鈴身一側傾斜，形成不平衡狀態。

◎正面有「成周王鈴」四字陽文。意為：成周（洛陽）王室用鈴。

◎鈴是我國最早出現的青銅樂器，河南偃師二里頭文化遺址中曾出一單翼鈴。此種鈴主要用於祭祀，《周禮‧春官‧巾車》：「大祭祀，鳴鈴以應雞人。」

74
成周鈴
【西周早期】
通高8.5公分　口徑6.5公分　重0.164千克

75
康侯斧
【西周早期】
通高10.3公分　寬6.8公分　重0.28千克

◎方銎上端有突起的緣，側有一繫環。銎向斧身延伸，上有銘文「康侯」二字。刃近圓形，微損。

◎康侯斧出土於河南省濬縣，同銘器共兩件，另一件現藏中國國家博物館。

釋文：
孚公杕作旅
甗，永寶用。

76
孚公甗
【西周中期】
通高43.5公分　寬31.3公分　重7.47千克

◎甑、鬲合體，甑呈深圓形，侈口立耳，腹微斂；鬲部分襠，襠縫連於腰際，三足正向蹄形發展。頸部飾回首垂冠的夔鳥紋。足上部飾粗獷的獸面紋。

◎甗口內有銘文二行九字。記孚公杕自做祭祀用甗，永遠寶用。

77
師趛鬲
【西周中期】
通高50.8公分　寬54.6公分　重48.8千克

◎表面經打磨上蠟，顏色黑中透亮，極精緻、美觀。全器紋飾由三種紋樣組成。腹部以雲雷紋為地，上以凸雕的六隻巨大回首夔龍紋為主體紋飾；頸部飾雙首夔龍回曲紋帶；附耳外兩側均飾以重環紋。

◎器腹內壁鑄有銘文五行二十九字，其大意是：在九月第一個吉日庚寅這一天，師趛為他死去的父親聖公和母親聖姬做了這件大鬲，他的後代子孫萬年永遠珍貴使用它。銘末字是師趛家族的族名號。

◎此鬲是迄今所知鬲中最大且最華麗的一件。

釋文：
唯九月初吉庚
寅，師趛作文考
聖公、文母聖姬
尊鬲。其萬年子
孫永寶用。

師旂鼎
【西周中期】
通高15.8公分　寬17.6公分　重1.92千克

◎圓淺腹，腹部稍傾垂，三柱足，二直耳。口沿下飾一周長身、分尾，垂喙的鳥紋，以雲雷紋為襯托。

◎鼎內壁鑄銘文八行七十九字。大意為：這是三月的丁卯日，師旂因為他屬下的許多仆官不跟王去征方雷。派了他的屬僚引把這件事告到伯懋父那裡，說：「在莽的時候，伯懋父曾罰得、顯和古三百鋝，現在沒有罰。」伯懋父命令說：「依法應該放逐這些不跟右軍一起出征的人，現在不要放逐了，應該交罰款給師旂。」引把這事告知中史寫下來。旂為宣揚這個判詞，鑄這件彝器。

◎這是一篇記錄西周中期軍法處罰事件的銘文，所反映的是當時法律制度的情況，是研究法律史的珍貴資料。

釋文：

唯三月丁卯，師旂眾僕不
從王征於方雷。使厥友引
以告於伯懋父。在莽，伯懋
父迺罰得、顯、古三百鋝。今弗
克厥罰，懋令曰：「義毄，
今母敊。毄厥不從厥右征。今弗
其又內於師旂。」引以告中
史書，旂對厥賚於尊彝。

79
伯作簋
【西周中期】
清宮舊藏
通高14.9公分　寬29.2公分　重2.4千克

◎矮體，垂腹，束頸，侈唇。通身以雲雷紋作地，滿飾不同姿態的鳳鳥。頸部為分尾長鳥紋，中隔浮雕獸頭；腹部作垂冠分尾大鳳鳥，兩兩對峙，形象優美。

◎器內底銘文「伯作簋」三字。

◎圓腹，圈足，下有方座。二獸頭耳，耳下端似象鼻捲曲。器頸前後正中各鑄一凸起的獸頭，獸頭兩側飾夔紋和圓渦紋。腹部和方座四壁中心飾豎直紋。圈足飾連續的四瓣花和圓渦紋帶。方座四壁邊緣飾圓渦紋和竊曲紋。方座頂部四角飾獸面紋。

◎蓋內底有銘文八行八十三字。其大意是：在正月第一個吉日癸巳這一天，周王在國都成周。格伯從佣生那裡接受了四匹好馬，講定交換的價值是三十田，雙方剖木為憑證。格伯交付的是殷妊和伀，庅和甸殷等地的田產，並在零谷和還谷樹木為標記。書記官吏哉武建立文書檔案，規定了界域。佣生鑄這件寶簋，用來登錄格伯的田產，後代子孫，萬年寶用。

80
格伯簋
【西周中期】
通高23.5公分　寬30.8公分　重7.58千克

◎佣生家族的名號是「田」。

◎銘文記錄了一次西周中期的土地買賣活動，並記錄了定立約劑的全過程：一、講定價格，剖木為憑。二、交付田地具體地界。三、樹立界標。四、書記官建檔。五、鑄造銅器，記錄約劑內容，永久保存。銘文內容對西周土地制度研究和古代文獻制度研究都提供了難得的第一手資料。

◎格伯簋傳世共四件，銘文相同。一件在上海博物館，一件在中國國家博物館，一件在故宮博物院，另一件下落不詳。該器的做器者實際是佣生，按通例應定名為佣生簋。故宮博物院的這件格伯簋中間缺十七個字，用它器銘文補足。

釋文：

唯正月初吉癸巳，王在成周。格伯爰良馬乘於佣生，厥貯三十田，則析。格〔伯遯〕殹妊彶仡。厥從格伯彶彶甸殹。厥幻零〕谷杜木遷谷旅菜，涉東門。厥書史戠武立盟成畍。鑄保簋，用典格伯田。其萬年子子孫孫永保用。

田

◎盛食器。器體較大，隆蓋，頂有圓形捉手。侈口，鼓腹，圈足，下附方座。腹部兩側以回顧形龍為耳。蓋緣、口沿下飾龍曲紋，腹部飾連體龍紋，方座飾捲體龍紋。

◎蓋器同銘，各鑄七行六十字。其大意是：追虔敬地日夜不息地做他的職事，周天子多次給他獎賞鼓勵。追為答謝和宣揚天子的美意，因而做了紀念他死去的父祖的簋。用來祭奠死去的祖先們，以祈求老壽、長命、善終，永作天子之臣。追的子孫後代萬年永寶用這件簋。

◎追簋傳世共六件，為原清宮舊藏。現有兩件在北京故宮博物院，一件在台北故宮博物院。一件收藏在美國三藩市亞洲藝術博物館，是當年布倫戴奇的藏品，一件在日本東京書道博物館，還有一件下落不明。

81
追簋
【西周中期】清宮舊藏（原藏頤和園）
通高38.6公分　寬44.5公分　重18.9千克

釋文：
追虔夙夕卹厥死事，天
子多賜追休。追敢對天
子顯揚，用作朕皇祖
考尊簋。用享孝於前
文人，用祈介眉壽永
令，畯臣天子，霝終。追
其萬年子子孫孫永寶用。

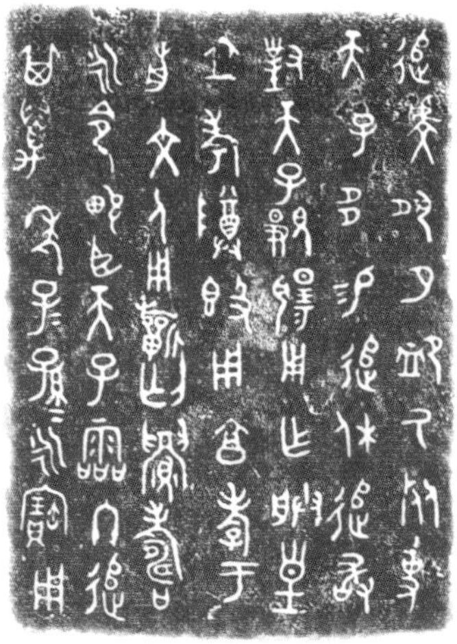

（器銘）

（蓋銘）

◎圓鼓腹，弇口，圈足。腹兩側有獸首銜環耳，器身自上而下滿飾平行的瓦稜紋。

◎蓋內底鑄銘文九行九十二字。其大意是：在周工二月上半月的戊寅日，王到達師戲的宗廟大廳，邢伯進來，作豆閉的佑者，王呼內史宣布對他的冊命。王的冊命辭說：「閉，賜你玄色的上衣、環形的圍裙，還有車上的鑾鈴和旗幟。繼續你祖父和父親的工作，管理友俞邦君的司馬和弓矢。」豆閉拜，叩頭。為答謝和宣揚天子這一重大、顯赫和美好的冊命，豆閉做了紀念死去的父親釐叔的寶簋，祈望他能賜給萬年長壽，使這件簋能永遠在祖廟中供放。

◎這篇銘文較完整地記錄了一次任命官員典禮的過程。

82

豆閉簋

【西周中期】

通高15.1公分　寬32.5公分　重5.06千克

釋文：
唯王二月既生霸辰在戊寅，
王格於師戲大室。邢伯入佑
豆閉，王呼內史冊命豆閉。
王曰：「閉，賜汝戠衣、□市、鑾、
旂。用俙乃祖考事，嗣宨俞
邦君嗣馬弓矢。」閉拜、稽首，
敢對揚天子不顯休命，用
作朕文考釐叔寶簋，用賜
眉壽萬年，永寶用於宗室。

◎矮體，鼓腹，圈足。器頸兩側有風格獨特的獸頭鋬。有蓋，蓋頂捉手作喇叭形。蓋上與器腹均飾豎直紋。器頸及圈足上各飾粗弦紋一道。

◎簋蓋內和器底各鑄銘文七行七十字。大意是：周王十二年正月，在日月相望的甲午日，王在周地的師量宮。天亮時，王到達宗廟的大廳，坐定位子。王呼師晨召喚太師虘入門，站立在庭院中部。王呼宰曶賞賜太師虘一件虎皮袍子。太師

83
太師虘簋
【西周中期】
通高20.7公分　寬30.2公分　重6.12千克

虔拜，叩頭。為答謝和宣揚天子重大顯赫的賞賜，做了這件寶簋。太師虔萬年永寶此簋。

◎這件器記時完整，有年、月、月相、干支日四項。在萬餘件有銘文的殷周青銅器中，像這樣完整記時的不過三十餘件，它是復原西周曆法和年代的珍貴資料。

◎太師虔簋傳世同銘器兩件，一在上海博物館，一在故宮博物院。傳於1941年陝西西安出土。

釋文：
正月既望甲午，王在周師
量宮。旦，王格大室，即位。王
呼師晨召太師虔入門，立
中廷。王呼宰訇賜太師虔
虎裘。虔拜，稽首。敢對揚天
子丕顯休，用作寶簋。虔其
萬年永寶用。唯十又二年。

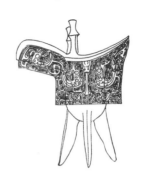

84
鳥紋爵
【西周中期】
通高22公分　口徑17.4×7.5公分　重0.88千克

◎圓形，腹較深，圜底，一對帽形柱較高，前有長流，後有尖尾，獸頭鋬略小，下具三個刀形尖足。腹及流下飾鳥紋，均以雷紋為地。

85

鳥紋觶

【西周中期】清宮舊藏

通高14.5公分　口徑8.3公分　重0.38千克

侈口較大，頸弧度小，深腹，圈足。身飾三道鳳鳥紋。

86
免尊
【西周中期】清宮舊藏（原藏頤和園）
通高17.2公分　寬18.3公分　重2.62千克

◎圓垂腹，侈口，圈足。頸部前後雕鑄獸首，獸首兩側均飾垂冠回首的夔鳥紋。

◎尊內底有銘文五行四十九字。大意是：在六月第一個吉日丁亥這一天，王在鄭地，王到了宗廟的大廳。大冊命典禮上，邢叔作免的佑者。王嘉獎免，命史官懋賜給免官服中的皮裙和麻帶。任命免為司工。為了答謝和宣揚王的美意，做了這件尊。免將萬年永寶用此彝器。

◎免器計有尊、簋、簠、盤各一件，銘文記載免的不同活動內容，惟有此尊為清宮舊藏。

釋文：
唯六月初吉，王在鄭，丁亥，
王格大室。邢叔佑免。
王歷，令史懋賜免戠市、絅
黃。作嗣工。對揚王休，用作
尊彝。免其萬年永寶用。

（器銘）　（蓋銘）

◎腹外鼓，下垂很低，有提樑，圈足。有蓋，蓋沿不折邊，呈圓頂的帽狀，圓形捉手。周身通飾鳥紋。

◎蓋、器對銘，各二行九字。記奪為其父丁做寶尊彝。銘末之「允冊」二字是奪氏家族的名號，其中「冊」是「作冊」的省稱，表明奪的家族世為史官。

87

奪卣
【西周中期】
通高27.5公分　口徑18.5、19.8公分　重2.07千克

88
沿御史嚳
【西周中期】
通高33.3公分　寬36公分　重9.9千克

◎平沿，斜肩，肩上有獸首銜環雙耳。腹斜收。頸飾竊曲
紋，肩飾渦紋間變體夔龍紋，腹飾蕉葉對夔紋。

◎口內有銘文五行十九字。記沿地的禦史自做此嚳，祈望萬
壽無疆，子孫後代永寶用此嚳。

89

來父盉

【西周中期】
通高21.5公分　口徑13.5公分　重2.14千克

◎呈低體分襠式。口邊沿外翻，束頸，肩略廣，鋬與蓋相套鑄，袋腹不甚深，下具三柱足。蓋及口下各飾有獸面紋和絃紋，足飾二道弦紋。

◎盉蓋、器對銘，各有銘文二行十字，器銘於鋬旁。記來父自做盉，祈望子孫後代永寶用此盉。

（蓋銘）

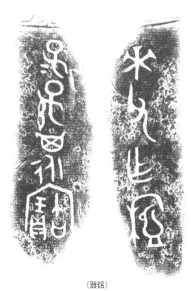

（器銘）

◎甬後配。鐘體各部用小乳丁界隔。紋飾纖細，隧部有交迕式雷紋，篆間作雲紋。

◎鉦間和鼓鑄銘文三十五字。其大意為：在正月的第一個吉日丁亥這一天。叔做了這套寶鐘。用來追念死去的父親已伯，用來祭享本家族嫡長子一系的祖先們，用來在朋友賓客的宴會上助興。叔和夫人蔡姬永遠寶用此鐘，以光大本家族的嫡系。這篇銘文對「大宗」的記載，說明了西周宗法制度的一個方面，值得注意。

◎叔鐘傳世共四件，一件在北京故宮博物院，兩件在日本東京泉屋博古館，一件下落不明。

90
叔鐘
【西周中期】
通高35.9公分　銑距18.8公分　重8千克

釋文：
唯正月初吉丁亥，
叔作寶鐘。用追
孝於己
伯，用享
大宗，用
濼好賓。
叔釆蔡
姬永寶用
邵大宗。

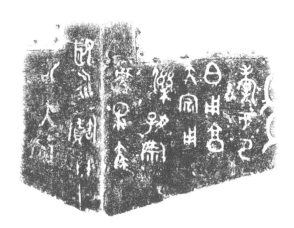

91
雙援兵器
【西周中期】
通高61.2公分　橫長26.7公分　重2.84千克

◎兩直援橫出，有欄六穿，以便固定
木柄。二援間還有波狀刃。形體厚重
巨大，造型威武雄壯，可能為儀仗用
具。

92
我形兵器
【西周中期】
通高28.2公分　橫長12.6公分　重0.52千克

◎刃部作圓齒狀，背部有鎏，以便
　固定木柄。
◎此種特殊刃器，裝上木柄，極似
　古文中的「我」字，因此這可能就
　是上古時的兵器「我」。

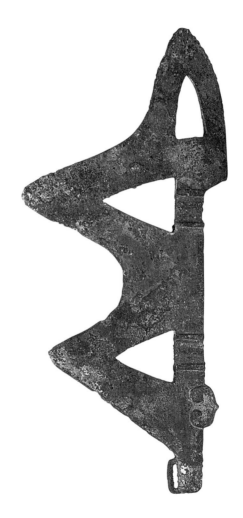

93
三穿戟
【西周中期】清宮舊藏
通高23公分　寬18.5公分　重0.32千克

◎十字形，高且寬。戟援中間有脊，胡三穿，用以固定木柲。

94
刖人鬲
【西周晚期】
通高13.5公分　口徑11.2×9公分　重1.46千克

◎口沿下飾竊曲紋，腹飾環帶紋。平底方座，正面開門，守門者是一個受過刖刑的人的形象。門樞齊全，可以啟閉。方座兩側有窗，周飾雲紋。背面飾鏤空竊曲紋。方座內可燃木炭以溫鼎內食物。

95

頌鼎

【西周晚期】清宮舊藏（原藏頤和園）

通高38.4公分　寬30.3公分　重7.24千克

◎圓腹，圜底，二立耳，腹飾二道弦紋。

◎鼎內壁有銘文十四行一百五十二字。大意是：在三年五月下半月的甲戌日，王在周地康王廟裡的昭王廟。天剛亮，王到了昭廟大廳裡，坐定位置。宰引作為佑者帶領頌進入昭廟大門，站立於廷院中。尹氏將擬就的任命書交到王的手中，王命史官虢生宣讀任命書。王的任命書說：「頌，命你管理有二十家胥隸的倉庫，監督管理新建的宮內用品倉庫。賞賜你黑色帶繡邊的官服上衣，配有紅色飾帶的大紅色圍裙。車馬用具的鑾鈴、旗子和馬籠頭。執行任務。」頌拜，叩頭，接受冊命書，佩帶以出。又返回廟中，貢納觀見用璋。頌為

答謝和宣揚天子偉大厚重的美意，因而做了祭奠其死去的偉大父親龔叔、母親龔姒的寶鼎。用來追念孝意，祈求得到健康、厚大的佑助，仕宦之途通順，長命。頌萬年老壽，長作天子之臣而得善終。子孫後代寶用此鼎。

◎頌鼎三件、頌簋五件、頌壺二件，銘文基本相同。這篇銘文記錄了一次冊命典禮的全過程：一、周王即位；二、佑者帶被冊命者入廟門立於庭中；三、尹氏出示命書；四、史官宣讀命書；五、命書分兩部分，任命職司和賞賜物清單；六、受命書，佩帶而出；七、返回，獻納用於覲見的玉璋。已知的這七項儀注，對我們認識當時的禮制是十分珍貴的資料。

釋文：

唯三年五月既死霸甲戌
王在周康邵宮。旦，王格大
室，即位。宰引佑頌入門立
中廷。尹氏授王命書，王呼史
虢生冊命頌。王曰：「頌，命汝官
嗣成周貯二十家，監嗣新造貯
用宮御。賜汝玄衣黹純、赤市、朱
黃、鑾、旂、攸勒。用事。」頌拜，稽首。受
命冊，佩以出，反入覲璋。頌敢對。
揚天子丕顯魯休，用作朕皇
考龔叔、皇母龔姒寶尊
鼎。用追孝，祈介康䰟純祐
通祿永命。頌其萬年眉壽，
畯臣天子靈終，子子孫孫寶用。

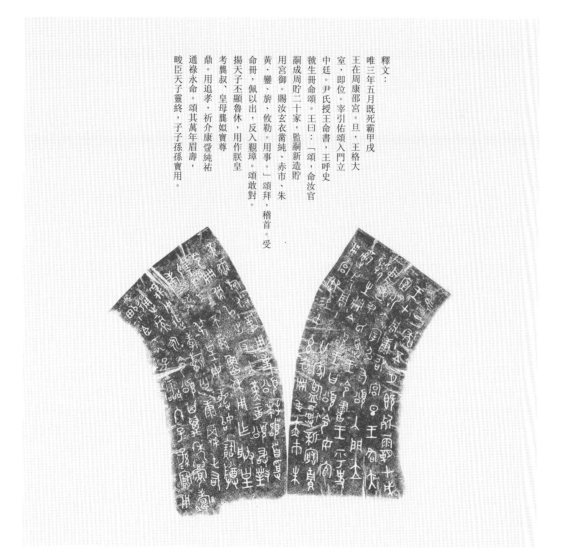

◎口部微斂，腹略鼓，腹壁厚實，方唇寬沿，立耳，蹄足，形制厚重。頸部飾有三組變形獸面紋，間隔以六道稜脊，腹部飾寬人的環帶紋，立耳兩側飾有相對的龍紋，二足上部是突出的獸首。此鼎整體氣魄雄渾，威嚴沉重，紋飾疏朗暢達，不以細緻見工。

◎小克鼎內壁鑄銘文八行七十二字，大意是：在周王二十三年的九月，王在西部周原舊都宗周，周王命令膳夫克去東部新都成周洛陽發佈命令，整肅王的部隊成周八師。就在這一年克做了這批紀念其偉大祖父釐季並置於其宗廟中的寶貴彝器。克每日用它來祭享祖先，同時也就每日在宣揚他的主人周王的厚重美意。用來祈求康順、福佑、老壽、長命、善終。願克萬年無疆，克的子孫後代永遠寶用這批彝器。

96
小克鼎
【西周晚期】
通高35.4公分　寬33.6公分　重12.54千克

◎克組銅器計有大克鼎、小克鼎、克鎛、克鍾、克盨、克壺等，除克壺為宋代出土外，其餘諸器皆於清光緒十六年（1890年）在陝西扶風縣法門寺任村出土。大克鼎一件現藏上海博物館，小克鼎七件：一件在上海博物館，一件在北京故宮博物院，一件在南京大學歷史系，一件在天津市藝術博物館，其餘三件分別在日本黑川古文化研究所、藤井有鄰館、書道博物館。

釋文：

唯王二十又三年九月，王在宗周，王命膳夫克捨命於成周，遹正八師之年，克作朕皇祖釐季寶宗彝。克其日用朕朕辟魯休，用介康勳、純祐、眉壽、永命、靈終。萬年無疆，克其子子孫孫永寶用。

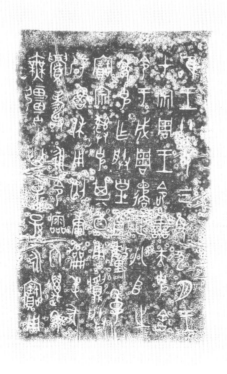

◎圓形鼓腹，有雙耳，耳上端雕鑄獸頭，獸角呈螺旋狀，斂口，圈足，圈足下有三獸形短足。有蓋，蓋上有圓形捉手。蓋頂與器腹飾瓦紋，蓋沿、器頸部和圈足上飾重環紋。

◎蓋、器同銘，十一行一○六字，大意是：在周王元年正月，王在吳地，到吳的太廟。官為公族的瑞釐作為冊命典禮的佑者，他輔助師西進入廟門，站立於院中。王召史官瀞宣讀冊命書：「師西，管理你的祖上世代管理的城市官員邑人和王的近衛部隊。部隊中包括西門、象、秦、京、㚄身等地

97

師西簋

【西周晚期】
通高22.9公分　寬32.8公分　重4.94千克

的夷人和薪卒。賜你大紅色的圍裙，配有紅色的帶子，中間是絅色的帶子；一套馬籠頭。日夜恭敬其事，不要荒廢我的任命。」師酉拜，叩頭。為報答和宣揚天子偉大而美好的任命，因而做了祭祀其死去的父親乙伯、母親究姬的簋。酉的子孫後代萬年永遠寶用這件簋。此銘文記載王的近衛部隊「虎臣」中包括一批少數民族（夷人），值得注意。

◎師酉簋傳世共四件，除一件在中國國家博物館外，其餘三件皆在北京故宮博物院。

釋文：

唯王元年正月，王在吳，格吳大廟。公族劘釐入佑師酉立中廷。王呼史盠冊命：「師酉，嗣乃祖嫡官邑人、虎臣：西門夷、𣅦夷、秦夷、京夷、𢑢身夷、薪。賜汝赤市、朱黃、中絅、攸勒。敬夙夜勿廢朕命。」師酉拜，稽首。對揚天子丕顯休命，用作朕文考乙伯、究姬尊簋。酉其萬年子子孫孫永寶用。

揚簋

【西周晚期】

通高18.7公分　寬21.6公分　重4千克

◎圓鼓腹，圈足下有三屈折狀短足。弇口，二附耳各銜套環。器蓋已失。器腹飾瓦稜紋，頸上與圈足各有一道竊曲紋。圈足上與短足對應處各鑄一浮雕獸頭。

◎簋內底有銘文十行一〇七字，大意為：在周王九月上半月的庚寅日，王在周地的康王廟。天剛亮，王到了大廳，坐定位子。司徒單伯作佑者，輔助揚進入廟門。王召呼史官內史先任命揚。史官代宣王命曰：「揚，任命你為司工。主要管理農田官吏，兼管營造王的臨時駐蹕地的官吏、牛馬芻草

釋文：
唯王九月既生霸庚寅，王
在周康宮。旦，格大室，即位。嗣
徒單伯內佑揚。王呼內史史先
冊命揚。王若曰：「揚，作嗣工。
官嗣量田、佃、眔嗣廈、眔嗣
芻，眔嗣寇，眔嗣工事。賜汝
赤巿市、鑾、旂。訊訟，取遺五
鋝。」揚拜手，稽首。敢對揚天
子丕顯休，余用作朕烈考憲伯
寶簋。子子孫孫其萬年永寶用。

官吏及治安獄訟官吏、司工下屬的官吏。賞賜你大紅色的圍裙，鑾鈴和旗幟。任命你有權主持訊訟，其級別是可以取兩造『入金』五鋝。」揚以手相拜，叩頭。為報答和宣揚天子偉大的美意，因而做了光榮的父親憲伯的寶簋。後代子孫萬年永遠寶用這件簋。這篇銘文記述了「司工」一官的具體職掌，並記錄了他有權主持審判訴訟的任命，是研究西周官制和法制的重要資料。

◎揚簋同銘兩件，一件在北京故宮博物院，一件下落不明。

99
仲枏父簋
【西周晚期】
通高25.5公分　寬38.8公分　重7.66千克

◎圓鼓腹，二獸耳，弇口，圈足下有三短獸首足。有蓋，蓋頂為圓形捉手。蓋上與器腹均飾平行瓦稜紋，蓋沿及器頸各飾竊曲紋帶。

◎簋蓋和器上均有銘文四行三十九字。記在六月第一個吉日，師湯父的下屬官吏仲枏父自做寶簋，用來祭享死去的偉大父祖，以求長壽。仲枏父的後代子孫，萬年永寶用此簋。

◎長方形圓角，圈足，雙獸耳，斂口，有蓋，蓋上有四個呈矩形的短足。蓋沿與器頸各飾竊曲紋一道。蓋上與器腹均飾瓦稜紋。蓋矩足上飾夔紋。

◎盨蓋與器有對銘，十四行一四八字，大意為：代宣王命說：「師克，偉大的文王、武王當受天之大命，成為四方之主。過去你的祖父、父親有功勞於周王國，保衛王的安全，作王的爪牙之士。」王說：「克，我很看重你的先祖和父親，因為他們都能盡臣道於先王。過去我曾任命過你，現在我重申前命，並加高對你的任命。命你在承繼你父祖職位的同時，還兼管王的近衛部隊左右兩虎臣部。賜你一卣用於祭祀的浸過香草的酒。賜官服一套：大紅色的圍裙和相配的五條飾帶、大紅色的鞋子和用象牙作的鞋絆。賜駒車一輛：車廂上的銅飾件鞹較，皮朱

100
師克盨
【西周晚期】
通高21公分　寬37.5公分　重5.26千克

鞃、韔靫，虎皮的蓋布，黑色的襯裡；車軸上繪有圖案的銅飾件畫轉、畫轙，軸端的銅包頭；大紅色的旗子；四匹馬和馬頭上的皮籠頭；一把沒有紋飾的鉞。你要日夜敬供你的職事，不可荒廢了我對你的信任和任命。」克為答謝和宣揚周天子偉大厚重的美意，做了這件用於祭禮的盨，克的後人萬年永遠寶用此盨。這件器銘的重要性在於它較完整地記錄了一篇冊命辭的內容，所記述的任命和賞賜物均較詳細。在冊命辭中的賞賜物多帶有象徵意義，如賜香酒則表明賜予祭祀的權力，賜鉞則表明賜予生殺大權等。

◎師克盨除故宮博物院所藏這件外，陝西省博物館還藏一蓋，銘文相同。

◎清光緒年間出土於陝西扶風。

（蓋銘）

釋文：
王若曰：「師克，丕顯文武膺受大命，匍有四方。則緐唯乃先祖考有爵於周邦，干害王身，作爪牙。」王曰：「克，余唯巠乃先祖考，克緐臣先王。昔余既命汝，今余唯申京乃命，命汝更乃祖考，剌龏王身，嗣龏左右虎臣。賜汝秬鬯一卣，赤巿、五黃、赤舄、牙僰、駒車、朱虢、虎（冟）、熏裏、畫轉、韔靫、甬、朱旂、馬四匹、攸勒、素鉞。敬夙夕勿廢朕命。」克敢對揚天子不顯魯休，用作旅盨。克其萬年子子孫孫永寶用。

（器銘）

101
芮太子白簠
【西周晚期】
通高8.9公分　寬33.9公分　重5.36千克

◎腹壁斜收，方圈足前後正中有缺，腹左右兩側有環耳，耳上端雕飾獸頭。腹飾獸帶紋，足飾竊曲紋，口沿飾重環紋。

◎內底銘文三行十四字，記芮太子白自做簠，祈望萬年子孫永寶用。

◎同銘簠兩件，皆藏北京故宮博物院。

釋文：
衛始作
饊霝簋

102
衛始豆
【西周晚期】
通高17.4公分　寬18.5公分　重2.3千克

◎斂口圓底，淺盤高足。隆蓋圈握。蓋頂飾瓦紋，蓋沿與器上均飾重環紋，足施粗弦紋一周。

◎蓋與器同銘，均有二行六字。記衛始自做靈簋（此豆自名為簋）。

◎扁圓形，失蓋。器以半環銜接提樑，腹下部鼓出，圈足兩側鑄環鈕。器頸與圈足均飾回紋帶，皆夾以連珠紋。器頸在回紋間加飾小獸首。

◎卣內底有銘文三行十七字。記虢國的小公子組做此寶彝，祈望萬年子孫後代永寶用。

103
虢季子組卣
【西周晚期】

通高33公分　寬21.4公分　重5.8千克

釋文：
芮公作鑄從
壺，永寶用。

104
芮公壺
【西周晚期】 清宮舊藏
通高37.6公分　寬22公分　重9.45千克

◎橢圓形器體，平頂蓋，有圈形捉手。器身直口，長頸，深
腹稍鼓，獸首形耳，圈足。捉手與圈足飾鱗紋，蓋沿飾竊曲
紋，器頸飾環帶紋，器腹飾雙尾龍紋，以龍首為中心，體軀
向兩側展開。

◎蓋上鑄銘文九字。記芮公鑄造隨行用壺，永寶用它。

◎同銘壺三件傳世，兩件在北京故宮博物院，一件在台北故
宮博物院。

105
獸面紋壺
【西周晚期】清宮舊藏
通高48.2公分　寬33公分　重14.64千克

◎形體高大，呈橢圓形，寬頸，深腹，圈足。壺頸部飾兩對長尾高冠回首的鳳鳥紋，十分華麗。頸兩側有兩象頭作耳，象鼻高高翹起，形象生動逼真，器腹飾獸面紋，纖細雲雷紋為地。口下飾連續的環帶紋，環帶內又施口眉圖案。

　故宮收藏｜你應該知道的200件青銅器

106

獸鋬盉

【西周晚期】

通高24.3公分　寬33.8公分　重2.92千克

◎造型別緻，獨具風格。體作側置的鼓形，上有橢方口，下具四扁足。長管流。盉鋬作顧龍。腹飾重環紋、斜角雷紋和圓渦紋，足飾夔龍，前後對峙。

◎這是西周晚期一種特殊的盉。

107
裘盤
【西周晚期】
通高12.9公分　寬45.5公分　重7.96千克

◎圓形，折沿，腹耳，圈足。腹飾重環紋，圈足飾環帶紋。
◎盤內底鑄銘文十行共一○三字。大意為：在二十八年五月的日月相望的日子庚寅這一天，王在周地康王廟中的穆王廟。天剛亮，王到了大廳，坐定位子。宰顥作為佑者輔助做器者裘進入廟門，站於院中，面向北。史官蔪將擬好的命書交到王手中。王召呼史官減將編聯成冊的命書宣佈。命書宣佈賞賜裘的官服有帶繡邊的黑色上衣。大紅色的圍裙和

紅色的帶子。車上的鑾鈴和旗子，還有一套馬籠頭。賞賜一把戈，戟部雕有紋飾，粗壯的長柄，紅色的纓綏。袁拜，叩頭。為報答和宣揚天子偉大顯赫而充滿美意的任命，因而做了紀念其光榮的父母鄭伯和鄭姬的寶盤。袁的子孫後代萬年永遠寶用此盤。

◎這篇銘文完整地記錄了某位元周王的年、月、月相、干支日四項，是研究西周歷法和年代的重要資料。

釋文：
唯二十又八年五月既望庚寅，王在周康穆宮。旦，王格大室，即位。宰顙佑袁入門。立中廷，北嚮。史常授王命書。王呼史減冊賜袁玄衣黹純、赤市、朱黃、鑾、旂、攸勒。戈琱戟厚柲彤沙。袁拜，稽首。敢對揚天子丕顯叚休命。用作朕皇考鄭伯、鄭姬寶盤。袁其萬年子子孫孫永寶用。

叔上匜

【西周晚期】

通高16.8公分　寬28.6公分　重1.86千克

◎寬流，曲口，鋬作夔龍，口銜匜沿，作探水狀。器腹飾獸帶紋。匜的前兩足上部飾獸首，後兩足上部作獸尾。

◎匜內底有銘文五行三十三字。記在十二月第一個吉日乙巳這天，鄭國的大內史叔上為其女叔妘做了這件陪嫁用的匜。祈望她萬年無疆，子孫後代永寶用之。

釋文：
唯十又二月初吉乙巳，鄭大內史叔上作叔妘媵匜。其萬年無疆，子子孫孫永寶用之。

109
虢叔旅鐘
【西周晚期】
通高65.4公分　銑距36公分　鼓距26.6公分　重34.6千克

◎鐘體呈合瓦形，橋形口，長乳，甬上杆旋齊備。隧部飾一對反向的變形象紋。篆帶上飾竊曲紋，甬飾環帶紋。

◎鐘鉦部有銘文四行，左鼓銘文六行，從鉦部開始順讀，共計九十一字。其大意是：虢叔旅說：「（我）偉大顯赫光榮的去世的父親惠叔，秉持美好光明的德行，服務於他的主人，得到好處不盡。旅將以死去的父親的威儀為榜樣，服務於天子。於是天子更多的賜予旅好處。」旅為報答和宣揚天

子給予的眾多好處，因此做了我死去父親惠叔的大套編鐘。光榮的父親莊重的在天上，庇佑著下界的後代們。當編鐘叮叮咚咚敲響的時候，就會有眾多的福氣由天而降下給旅。旅的後代子孫萬年永遠寶藏這些鐘，用來祭享祖先。

◎這組編鐘傳世共七件，北京故宮博物院、上海博物館、山東省博物館、日本書道博物館、日本泉屋博古館各藏一件，其餘兩件下落不明。

释文：

虢叔旅曰「丕顯皇考惠叔穆穆秉元明德，御於厥辟，得純亡愍。旅敢肇帥型皇考威儀，口御於天子。迺天子多賜旅休。」旅對天子魯休揚，用作朕皇考惠叔大林和鐘。皇考嚴在上，異在下。數數豐豐，降旅多福。旅其萬年子子孫孫永寶用享。

110
人面匕首
【西周晚期】
通高25.1公分　寬4.7公分　重0.22千克

◎扁莖兩面都有凹槽，蠟中央略為鼓
起，沒有格。莖下飾人面紋，人面尖
頷，小嘴，刻畫入微。

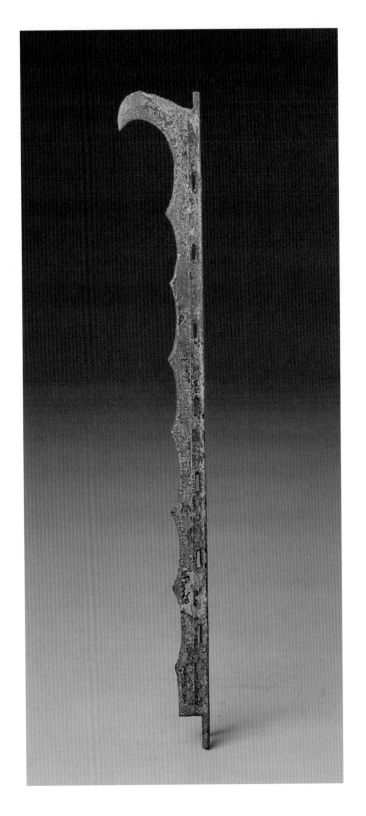

111
勾鋸形兵器
【西周晚期】
通高34.4公分　寬4.5公分　重0.1千克

◎頭呈尖勾狀，波狀刃，鋒利無
比。背欄七穿，用以縛扎木柄。
◎此種兵器極為罕見。

春秋

　　春秋時期政治上出現王室衰弱，諸侯力政的局面，青銅器地域性特徵突現。紋飾以蟠螭、蟠虺、環帶、重環爲主。銘文書體呈各種風格，晉、衛、虢、鄭銘端莊秀勁，秦銘規整，吳楚銘文字體修長，極富藝術色彩。在工藝上，用失蠟法鑄造和錯金技術開始流行。

　　此期樂器除編鐘外，在晚期還出現了編鎛。鎛從僅奏骨幹低音的和聲樂器，發展成獨立編組，可演奏旋律的樂器。編鐘、編鎛纖細緊縟的紋飾替代了西周古拙簡樸的紋飾。

　　此期遠射矢鏃出現錐體三稜形，三側刃前聚成鋒，穿透力極強。戈仍以圭鋒、中胡二至三穿爲主。車戰用戈，柲有加長到三公尺以上者。戟盛行矛、戈分鑄連柲的形式。長劍出現，劍身修長，中脊、兩側刃前聚成鋒，有的劍身還有錯金鳥篆，成爲重要的近戰兵器。爲適應春秋諸侯征戰的需求，此期兵器製造業有了長足的進步，吳越工匠製作的兵器尤以精良著稱。

112
番君鬲
【春秋前期】
通高11.8公分　寬16公分　重1.46千克

釋文：
唯番君配伯自作寶鼎，萬年無疆，子孫永用。

◎口沿寬且外折，束頸突肩，有凸稜，襠部趨平，足呈獸蹄形。肩飾變形竊曲紋。

◎鬲口沿有銘文十七字，記番君配伯自做寶鼎，祈望萬年無疆，子孫永用。

◎鬲、鼎形近，故此鬲自名為鼎。

113

四蛇飾甗

【春秋前期】

通高44.7公分　寬33.7公分
口徑28.7×23.2公分　重12.3千克

◎分體式。甑呈長方斗形，直口附耳，口內無隔，腹高深，上部外侈，下部收斂。平底上有箅孔。甑下有榫圈，是為子口。鬲直口附耳，口內有用來插甑之榫圈的凹形母口。肩四角各飾以盤蛇，上頸昂起，雙眼凸於頭頂處。腹鼓，似四球相連，分襠線連於腰際。足為蹄形。甑腹飾有三層勾連雷紋，耳飾變體重環紋，鬲腹飾蛇紋，四條盤蛇身上飾鱗紋。

　故宮收藏｜你應該知道的200件青銅器

114
夔紋有流鼎
【春秋前期】
通高15.5公分　寬21.1公分　重1.52千克

◎圓腹、圓底，三蹄足。二附耳，耳上方有平行二柱，柱另一端與鼎口相鑄接。鼎口上還置一半圓形流，可用來傾倒汁液用。頸部飾垂冠顧首的夔龍紋，腹上飾環帶紋，並均以雲雷紋為地紋。三獸上端飾浮雕獸面紋，中置扉稜。

◎此鼎的造型較為特殊。

115
陳侯鼎
【春秋前期】
通高23.6公分　寬35公分　重5.58千克

◎侈口，淺圜腹，馬蹄足，稍斜的立耳起於頸處。頸飾竊曲紋。

◎器內有銘文四行二十字，記陳侯為其女□媯四母做陪嫁的鼎，祈望她長壽用之。

116
鄭義伯鑃

【春秋前期】清宮舊藏（原藏頤和園）
通高45.5公分　口徑14.7公分　重9.66千克

◎侈口，細頸，碩腹，附獸耳。有蓋，蓋口納於頸中。蓋鈕如繩，蓋頂及邊均飾一道重環紋，器口下飾回紋，頸飾竊曲紋，腹飾鱗紋，鱗紋上、下又各飾一道相向的瓦紋。

◎蓋、器同銘，蓋口外壁有八行三十三字；器頸部有三十二字，呈環行排列。大意是：鄭義伯自做祭祀用鑃，持之以行，可以順我鄭國。我用它來和順鄰邦，用它在林中狩獵。祈望能降賜長壽，子孫永寶。

（蓋銘）

（器銘）

釋文：
鄭義伯作尊鑃，以行，以順我鄭□。我用以為舜順，我以畜獸。用賜眉壽，孫子唯永寶。

釋文：
毛叔媵彪氏
孟姬寶盤。其
萬年眉壽無
疆，子子孫孫永保用。

117

毛叔盤

【春秋前期】清宮舊藏（原藏頤和園）

通高17.2公分　口徑47.6公分　寬52.5公分　重14.26千克

◎敞口平緣，斂腹，外侈圈足下加飾三個牛形附足。雙耳起自腹部，上飾鳥紋和蟠虺紋，腹、圈足均飾蟠虺紋。

◎盤內底有四行二十三字銘文。記述毛叔送給女兒彪氏孟姬作陪嫁的寶盤。希望她萬年長壽無疆，子孫後代永遠保用此盤。

118
陳子匜
【春秋前期】
通高16.7公分　寬29.8公分　重2.09千克

◎口緣曲，流槽不甚長，腹較淺，龍形鋬，下具四條扁獸足。以蟠螭紋為主體紋飾。

◎器內有銘文五行三十字。其大意是：在正月第一個吉日丁亥這天，陳子之子為他的女兒庶孟媯穀女做陪嫁用的匜。祈求壽老萬年無疆，長壽用之。

119
梁伯戈
【春秋前期】
通高17.5公分　寬9.4公分　重0.28千克

◎援的前鋒呈圭角狀。上刃在援末揚起，與長欄的上端形成弧線；下刃與胡自然相接。內為長方形，有一長穿。欄上兩面各飾一獸頭，欄側有三長穿。

◎戈上有二行十四字銘文，記梁伯做此近衛部隊宮行使用的戈，用來對付攻方敵人。

◎魏國兵器。

◎器由方甑和方鬲分鑄組合而成，甑中有一隔板將其一分為二，底算有方形鏤孔六列，每列有孔十二個。甑口和鬲肩各附兩耳。甑外壁之上部飾蕉葉紋，下部飾蟠螭紋。
◎1923年河南新鄭出土。

121
蟠虺紋大鼎
【春秋後期】
通高75公分　寬102公分　口徑77公分　重64.2千克

◎侈口、束頸、深腹、圓底。頸部兩側附兩個曲耳、腹部附兩個牛首環鈕，底部附三個獸首蹄足。頸部自上而下飾蟠虺紋、重環紋和三角紋各一周，腹中部飾蟠虺紋帶五周，腹下飾夔龍紋帶和以夔龍紋組成的葉狀紋各一周。耳部飾蟠虺紋和幾何紋。

◎此器內壁原有銘文，但已被故意刮去，意義不明。

◎此鼎形體碩大，其上有牛首鈕，故稱牢鼎。

◎1923年河南新鄭出土。

122

蔡子鼎

【春秋後期】
通高33公分　寬28.2公分　口徑23公分　重6.77千克

◎器身連蓋近球形。蓋上有透空圓形捉手，蓋、腹、足相對應鑄有小環，能用繩穿繫，附耳直，下具三個獸蹄足。通體飾變形的蟠虺紋和三角紋。

◎鼎蓋上鑄有五字銘文，記此鼎為蔡子㰯所有。

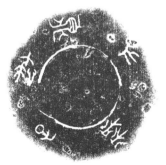

123
龍耳簋
【春秋後期】
通高33.9公分　寬43公分　口徑23.1公分　重11.45千克

◎侈口束頸，雙龍耳，矮體寬腹，圈足下連方座。蓋捉手作蓮瓣狀，中央飾蟠虺紋，蓋邊、腹、方座飾環帶紋並間以重環紋。

124
魯大司徒鋪
【春秋後期】
通高28.6公分　寬25.2公分　重7.24千克

◎直口淺盤，平底，圈足的腰部有一束箍。蓋上有花瓣形捉手，可卻置。整器飾以變體的蟠虺紋，蓋的捉手和圈足鏤空。

◎蓋、器對銘，各四行二十五字，記魯國的大司徒厚氏元自做盛食之鋪，祈望萬年長壽無疆，子孫後代寶用此鋪。

◎1932年山東曲阜林前村出土。與此同出的還有二件，同銘。

125

叔朕簠

【春秋後期】
通高10.3公分　寬30公分　重3.72千克

◎長方形，直口折壁，腹較深，方圈足的各邊有缺。折壁上有獸頭環耳，器身飾蟠螭紋。

◎器內有六行三十六字銘文。大意是：在十月第一個吉日庚午這天，叔朕選用上好的銅料自做向神進獻的簠。祈望得到好的收成，萬壽無疆；叔朕長壽，子孫後代以此簠為寶。

◎叔朕簠傳世共三件，上海博物館與故宮博物院各藏一件，另一件下落不明。此器銘文鏽蝕較重，缺字依它器補上。

釋文：

（唯十月初吉庚午，）
□□□擇其吉
（金白薦作）臣。以保稻
（梁，萬年無）疆，叔朕
（眉壽，子子孫孫）飲之寶。

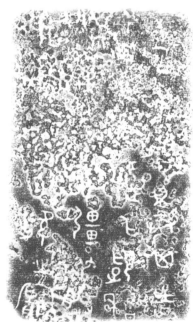

126
蟠虺紋豆
【春秋後期】
通高42.2公分　口徑35公分　重12.16千克

◎有蓋，蓋隆起，頂較平，中間有六柱環形捉手。器身有子口，腹上部有兩個附耳外曲，圜底，喇叭形足。蓋飾蟠虺紋三周，器身中部有凸弦紋一周，其上下均飾變形蟠虺紋帶，並髤有黑漆。喇叭形足上鑄有三個菱形鏤空。
◎河南輝縣出土。

127
狩獵紋豆
【春秋後期】清宮舊藏（原藏頤和園）
通高21.4公分　寬18.5公分　重2.22千克

◎碩腹，作半球形，雙環耳，高柄，圈足。腹飾嵌紅銅狩獵紋，足飾鳥獸紋

釋文：
荊公孫鑄其
膳敦，老壽用
之，叕寶無期。

128
荊公孫敦
【春秋後期】
通高17公分　寬25.2公分　重1.58千克

◎侈口束頸，耳作環形，圜底下具三個獸蹄足。蓋亦有三個蹄形足，可卻置。蓋、器通飾乳丁紋。

◎蓋內有銘文十五字，記荊公孫自鑄食敦，長壽用它，連寶無期。

129

蟠虺紋罍

【春秋後期】清宮舊藏（原藏頤和園）
通高32.5公分　口徑24.6公分　重7.08千克

◎侈口，束頸，圓肩，鼓腹下收成假圈足狀，平底。肩部攀附有一對捲尾回首狀獸耳，內套活環。全器布滿蟠虺紋。

130
立鶴方壺
【春秋後期】
通高122公分　寬54公分　重64千克

◎壺上有冠蓋，長頸，垂腹，圈足。壺冠呈雙層盛開的蓮瓣形，中間平蓋上立一展翅欲飛之鶴，壺頸兩側用附壁回首之龍形怪獸為耳，器身滿飾蟠螭紋，腹部四角各攀附一立體小獸，圈足下有兩個側首吐舌的捲尾虎，傾其全力承托重器。

◎該壺造型宏偉氣派，裝飾典雅華美。其構思新穎，設計巧妙，融清新活潑和凝重神秘為一體，曾被郭沫若先生譽為春秋時代之精神象徵。

◎1923年河南新鄭出土。

131
龍耳虎足壺
【春秋後期】
通高87.5公分　寬47.2公分　重41千克

◎壺上有冠蓋，蓋冠以透雕交體龍形紋為之。長頸兩側各附一大型龍耳，垂腹，圈足下鏤兩個伏虎足。頸上部飾葉形夔龍紋，頸下部飾細密之變形蟠螭紋，並以帶紋分隔成若干單元。

◎此壺為春秋時期的代表器。

◎1923年河南新鄭出土。

132
環帶紋壺
【春秋後期】
通高43.5公分　寬25公分　重8.11千克

◎長頸侈口，腹較圓。頸部有獸首銜
環耳。蓋冠鏤空作花瓣狀。蓋沿及頸
的下部飾竊曲紋，器腹、圈足和頸上
部飾有不同形態的環帶紋。

釋文：
齊縈姬之姪
作寶盤，其眉
壽萬年無疆，
子子孫孫永寶用之。

133
齊縈姬盤
【春秋後期】清宮舊藏
通高15公分　寬55.5公分　重11.39千克

◎侈口，淺腹，圈足外撇。雙附耳起於腹部，各飾有一對伏犧。以蟠螭紋為主體紋飾。

◎器內底有四行二十三字銘文，記齊國縈姬的姪女做寶盤，祈望萬年長壽無疆，子孫後代永寶此盤祭享。

134

獸形匜

【春秋後期】
通高22.3公分　寬42.7公分　重4.88千克

◎獸頭形曲管式流，淺腹，龍虎形鋬，間飾小獸，圜底下具四個扁獸足。器身飾蟠螭紋。

釋文：
蔡子佗曰
作會匜

135
蔡子匜
【春秋後期】
通高11.9公分　寬27.3公分　重1.1千克

◎曲緣，短槽流，淺腹，平底，鋬為小圓鈕形。口外飾雷紋和蟠虺紋。

◎器內底二行七字銘文，記蔡國的公子佗自做盥洗用水的匜。

136
匏形匜
【春秋後期】清宮舊藏（原藏頤和園）
通高23.1公分　寬40公分　重6.32千克

◎半匏狀。曲緣，短槽流，後部內收，鋬銜小環，下具三個扁長的矮足。口邊飾有一周絢紋。

◎《左傳》有「奉匜沃盥」之語，所以匜當為盥洗注水之器。本器設計成瓢狀，正是應其功用而為。

釋文：
唯正月初吉，
婁君伯屑自
作饌盂。用祈
眉壽無
疆，子子孫孫寶
是尚。

◎斂頸，折肩，腹闌收，平底。肩上有二獸耳。頸、腹均飾上下二周綯紋，各填以刺狀蟠虺紋。

◎器內底有銘文六行二十六字。大意是：在正月的第一個吉日，婁國國君伯屑自做食之盂，用來祈求長壽無疆，子孫後代寶用此盂。

◎傳此器得於河南項城。

137
婁君盂
【春秋後期】
通高12.8公分　寬33.2公分　重2.28千克

138
蟠虺紋鑒
【春秋後期】
通高34.3公分　口徑42.5公分　重5.6千克

◎口緣窄，束頸短肩，四獸耳銜環，兩兩相對，腹部圜收，下有短圈足。腹飾蟠虺紋，足飾貝紋。
◎河南輝縣出土。

139
蟠虺紋鎛
【春秋後期】
通高108公分　寬93.5公分　重13.9千克

◎器形龐大，體呈合瓦形，舞中立鳳鳥形覆鈕，平口。篆部花紋為相交之兩夔龍紋，篆間有三排盤龍形枚，鼓部飾蟠虺紋，舞飾夔龍紋。

◎1923年河南新鄭出土。

140
蟠虺紋編鎛 （3件）
【春秋後期】
通高61.4公分　寬41.3公分　重34千克
通高61.3公分　寬39.5公分　重31千克
通高56.3公分　寬36.3公分　重30千克

◎體呈合瓦形，平口。舞上有顧首曲體的龍形覆鈕，鎛身兩面有蟠龍狀枚，龍首眉目清晰。舞部、篆間與鼓部用粗細不同的蟠虺紋裝飾，兩銑與鼓部有調音時銼磨痕跡，為實用器。

◎河南輝縣出土。

◎腔體微斜，鈕為一對相向的飛龍構成，三十六個乳丁枚，平口，兩側有銑。篆、隧均飾獸體捲曲紋。腔兩面的鉦、鼓部有四十八字銘文。大意為：由於莒國擴張疆土，侵及了郳國，越國為之調停，主持了這次疆土劃分，並趁機擴土築城，將郳、莒兩國連在自己腳下。銘文記錄的就是越、郳、莒三方的盟辭內容。

◎能原鎛傳世共三件，北京故宮博物院和台北故宮博物院各藏一件，另一件著錄於《綴遺齋彝器款識》的2‧32，今已不知下落。據記載台北那件出於江西臨江縣，北京這件於1890年出於江西瑞州（高安縣）。

◎三件鎛銘均為鳥蟲書，難以通讀，北京故宮博物院院刊曾組織筆談加以討論，以上釋文及釋意錄自曹錦炎先生《再論「能原鎛」》一文，供大家參考。

141
能原鎛
【春秋後期】
通高40.8公分　寬31.8公分　重18.84千克

釋文：

（一）

夷莒甚□

者元作□

（二）

曰：自

祈□

曰：□

稱芳

大□

（三）

曰利，

連余

大邦，

大□

（四）

之主越。曰：

余入邦，作

（五）

利□

小，其

□

者□

（六）

於子

子。行

則曰：

自余

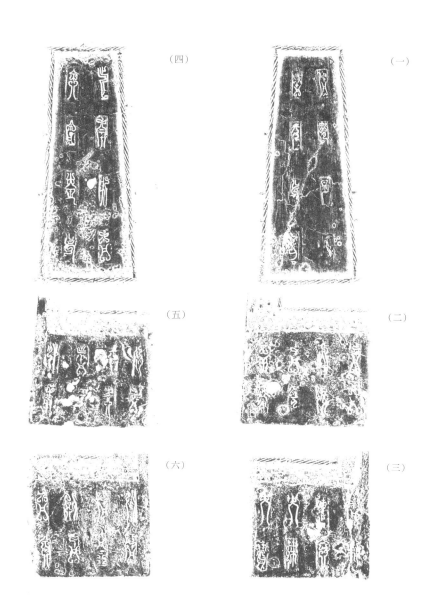

（四）　　　　　　　　　　（一）

（五）　　　　　　　　　　（二）

（六）　　　　　　　　　　（三）

◎甬上部收斂，有旋、干，腔體短而略鼓，有三十六枚，有
銑。甬、旋、干、舞、篆均飾回紋，隧飾蟠螭紋。

◎有二十六字銘文。其大意為：在正月第一個吉日丁亥這一
天，吳王皮鷈之子者瀘自己做了寶貴的鐘，希望子孫後代永
遠保存和使用它。

◎據《西清續鑒甲篇》記載，「乾隆二十有六年（1761年）
臨江（江西）民耕地，得古鐘十一，大吏具奏以進。」此組
編鐘最小一件無銘。有銘的十件，現藏台北兩件，北京故宮
博物院和上海博物館各藏一件，其餘下落不明。銘長者六
枚，八十餘字；銘短者四枚，二十六字。

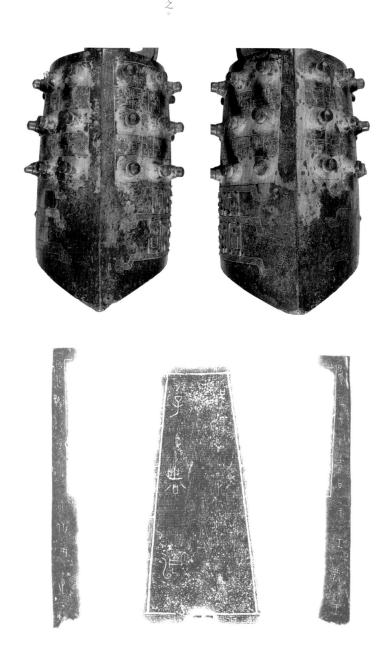

◎腔體稍短略寬，鈕小且帶獸形附座，有銑不設枚。

◎有七十一字銘文。其大意是：在正月第一個吉日癸亥這一天，徐國的王子旃挑選他的上好的銅，自己做了這件聲音和諧的鐘。用來在盟祀典禮上使用，嘉賓、朋友、諸賢人以及父兄和眾多官員歡宴、喜慶，非常快樂。鐘聲飛揚，有如鳥兒非常大的長聲鳴叫，綿綿悠長，傳向四方。鐘聲皇皇熙熙，仿佛預示著人的生命壽老無期。但願子孫後代，萬世永敲此鐘。

◎傳此鐘得於陝西西安。

143
徐王子旃鐘
【春秋後期】
通高15.5公分　銑距10.5公分　重1.54千克

釋文：
唯正月初吉元日癸
亥，徐王子旃擇
其吉金，自作
和鐘。以敬
盟祀，以樂嘉賓、朋友、諸
賢，兼以父兄、庶士，以宴
以喜。中翰
且揚，元鳴
孔皇。其音悠悠，
聞於四方。
韹韹熙熙，眉
壽無期。子子
孫孫，萬世
鼓之。

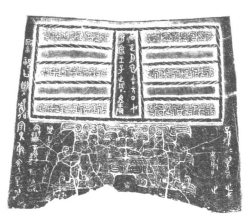

144
其次勾鑃
【春秋後期】
通高51公分　寬19.9公分　重7千克

◎口曲，腔體窄而深，兩側略傾，長方柄。腔體下部飾回紋和蕉葉紋。

◎兩側鼓部有銘文三十二字。大意是：在正月第一個吉日丁亥這一天，其次選上好的銅料鑄此勾鑃，用來祭享，用來表達孝意，祈求萬壽。子孫後代，永保用之。

◎鉤鑃是春秋晚期至戰國時流行的一種樂器。使用時一手持柄，另一手持物敲打腔體。通常在燕享時奏擊。

◎浙江武康山出土，同出七枚，兩件有銘。

釋文：

唯正（月）初吉丁亥，其次擇其吉金鑄句鑃。

以享以孝，用祈萬壽。子子孫孫，永保用之。

145
直紋錞于
【春秋後期】
通高64.8公分　寬38.8公分　重29千克

◎頂平，外有一周狹邊，上有橋形
鈕，肩較圓，體腔比例高，下口較
直。頂部的狹邊內壁飾雷紋，肩飾蟠
虺紋，身飾直紋。

藝術家雜誌社　收

100　台北市重慶南路一段147號6樓

6F, No.147, Sec.1, Chung-Ching S. Rd., Taipei, Taiwan, R.O.C.

Artist

姓　　名：　　　　　　　　性別：男□ 女□ 年齡：

現在地址：

永久地址：

電　　話：日／　　　　　　　手機／

E-Mail：

在　　學：□ 學歷：　　　　　　職業：

您是藝術家雜誌：□今訂戶　□曾經訂戶　□零購者　□非讀者

客戶服務專線：**(02)23886715**　E-Mail：**art.books@msa.hinet.net**

人生因藝術而豐富・藝術因人生而發光

藝術家書友卡

感謝您購買本書，這一小張回函卡將建立您與本社間的橋樑。我們將參考您的意見，出版更多好書，及提供您最新書訊和優惠價格的依據，謝謝您填寫此卡並寄回。

1.您買的書名是：_____

2.您從何處得知本書：

　□藝術家雜誌　□報章媒體　□廣告書訊　□逛書店　□親友介紹

　□網站介紹　□讀書會　□其他

3.購買理由：

　□作者知名度　□書名吸引　□實用需要　□親朋推薦　□封面吸引

　□其他_____

4.購買地點：_____市（縣）_____書店

　□劃撥　　　　□書展　　　　□網站線上

5.對本書意見：（請填代號1.滿意 2.尚可 3.再改進，請提供建議）

　□內容　　　□封面　　　□編排　　　□價格　　　□紙張

　□其他建議_____

6.您希望本社未來出版？（可複選）

　□世界名畫家　□中國名畫家　□著名畫派畫論　□藝術欣賞

　□美術行政　　□建築藝術　　□公共藝術　　　□美術設計

　□繪畫技法　　□宗教美術　　□陶瓷藝術　　　□文物收藏

　□兒童美育　　□民間藝術　　□文化資產　　　□藝術評論

　□文化旅遊

您推薦_____作者 或_____類書籍

7.您對本社叢書　□經常買　□初次買　□偶而買

146
邗王是野戈
【春秋後期】
通高6.9公分　寬14.9公分　重0.24千克

◎舌形短援，援末下垂成胡，胡後有扁圓形的鋬，上有一穿，內呈鏤空的鳥獸狀。

◎援兩面有八字銘文，記吳王是野做自用戈。

◎吳國兵器。

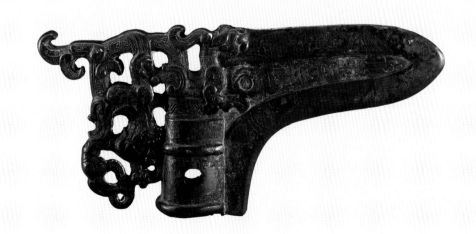

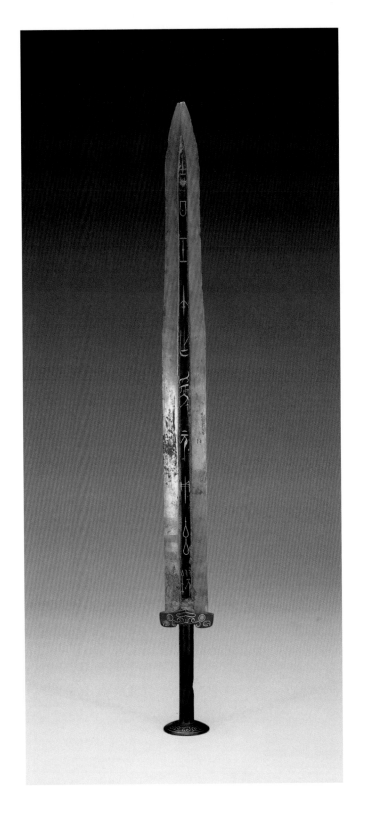

147

少虡劍

【春秋後期】

長54公分　寬5公分　重0.88千克

◎臘長，脊在兩從間下陷，從寬，前鍔狹，格為倒凹字形，圓莖無箍，劍首圓。格嵌綠松石，格、首均飾獸面紋。脊兩面有錯金銘文二十字。

◎少虡劍為晉國兵器，已知同銘劍共三件。山西李峪村出土。

釋文：
鑄呂。朕余名之。吉日壬午。謂之少虡，作為元用。玄鏐鋪呂。

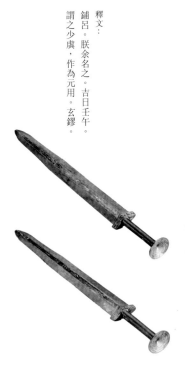

戰國

戰國時期，青銅器的製作趨於輕靈奇巧，簡易實用。除禮樂器外，還有大量生活用品問世。銘文除個別長篇外，多為「物勒工名」。

河南洛陽西宮秦墓出土的一組鼎、敦、壺與長治分水嶺所出類似，其組合形式為戰國晚期秦器的典型形式，敦上銘文已與小篆字體一致。

安徽壽縣朱家集李三孤堆楚墓是楚幽王熊悍之墓，該墓於 1933 年被當地土豪盜掘，於 1938 年又遭廣西軍閥武裝圍掘，致使數以百計的青銅器星散於海內外各地，故宮博物院收藏了其中的十三件。

此期青銅樂器已發展到相當高的水準，有的數十枚甬鐘、鈕鐘配以低音的組成編鐘樂隊。經測音，已構成複雜的音律體系，有的還載有完整的樂律銘文。

編磬多為石製，故宮博物院收藏的這組戰國編磬，十分罕見。

戰國時期，七雄並起，爭戰不已，兵器製造業得到迅速發展。遠射的三稜矢鏃，此時改成鐵鋌；戈均為長胡多穿，援瘦長；矛呈錐體，由稜線上伸出的側刃前聚成鋒；青銅戟的數量有了較大增加。

戰國時期，各國經濟繁榮，思想活躍。青銅工藝亦有很大進步，鑲嵌、鎏金、金銀錯等技藝廣為流行。在範上做出細線平雕和浮雕，使器物的紋飾中出現了宴射樂舞、狩獵採桑、水陸攻戰等貴族生活的寫實圖像。

能反映這一時期工藝水準的還有銅鏡與帶鉤。最早的銅鏡出土於齊家文化墓葬（約西元前 2000 年），商、西周、春秋亦代有出土，但直至戰國時期才大量出現，尤以南方楚墓出土居多。鏡多為圓形，質輕體薄，弦紋鈕，紋飾多幾何圖形、動物圖形和人物圖形。

帶鉤又名犀比，它既是服具又是裝飾物，因此做工十分考究，有鎏金、錯金銀、嵌玉等工藝，形制則有琵琶形、獸形等。

148
君子之弄鬲
【戰國前期】
通高14公分　寬18.4公分　口徑15公分　重1.76千克

◎圓體，大腹，三短足，雙附耳，有蓋，蓋上有三環。蓋、器各飾有方塊絢紋二周，附耳上遍飾花紋。

◎器口沿處有銘文五字，記此鬲為君子用於賞玩。

◎另有同銘鼎一件，傳河南輝縣出土。

149

單孝子鼎

【戰國前期】

通高23.6公分　寬31.8公分　口徑21公分　重4.64千克

◎圓體，三蹄形足，雙附耳，有蓋，蓋上飾三犧。器身飾弦紋二周。

◎蓋、器對銘，各有銘文十六字，記在王的四月庚寅這天，單孝子命鑄煮食之鼎。

（蓋銘）

（器銘）

150
錯金雲紋敦
【戰國前期】清宮舊藏
通高10.2公分　寬21.2公分　口徑16公分　重1.18千克

◎半球形，三短足，雙環耳。器口沿飾幾何紋一周，腹飾流雲紋，腹下部飾竊曲紋、垂葉紋。足面飾獸面紋，通體花紋均以錯金為飾。

151
獸耳錘
【戰國前期】
通高13.8公分　寬23.7公分　重1.24千克

◎橢圓形腹，隆蓋，蓋頂捉手透空飾有蟠螭紋。腹兩側獸耳作龍形。器腹下側附有四足，足上部飾獸面。

152
嵌松石蟠螭紋豆
【戰國前期】
通高39公分　寬24公分　重3.05千克

◎器束頸，兩側有環耳，常校。蓋頂
有捉手，可以卻置。蓋器飾嵌松石蟠
螭紋，足上飾嵌松石垂葉紋，捉手飾
菱紋，嵌飾非常華麗。

◎1974年北京順義東海洪大隊出
土。

153
蟠螭紋豆
【戰國前期】
通高27.8公分　寬26公分　腹徑24.4公分　重3.4千克

◎圓體，圈足，雙附耳。有蓋，蓋平，上鑄有四環。蓋頂及腹部各飾蟠螭紋一周，耳上飾回紋，足有四穿孔，腹下部有三突起痕跡。

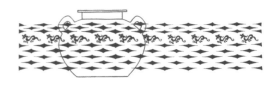

154
嵌紅銅龍紋瓿
【戰國前期】
通高34.3公分　寬44.5公分　重10.72千克

◎圓體，大腹，小口，有蓋，肩上有二環，蓋頂部正中有一環。蓋、器肩及腹下部飾嵌紅銅菱形紋，器腹部飾嵌紅銅龍紋。

155
嵌松石缶
【戰國前期】
通高19.6公分　寬20.6公分　重1.78千克

◎圓體，直口，碩腹，圈足。器口、腹部飾嵌松石幾何紋飾五組，間以弦紋。

156
嵌金銀鳥耳壺
【戰國前期】清宮舊藏
通高36.9公分　寬26.1公分　口徑17.4公分
足徑13.9公分　重5.88千克

◎圓體，碩腹，斂頸，圈足，雙伏鳥背帶環耳。口捲沿平邊，捲曲處鏤空作獸紋，平緣上飾繩紋；頸、肩、腹飾流雲紋四道，紋飾以金、銀鑲嵌，頸部紋飾除金銀外，更以綠松石鑲嵌點綴，間隔花邊及圈足上各飾貝紋一周。

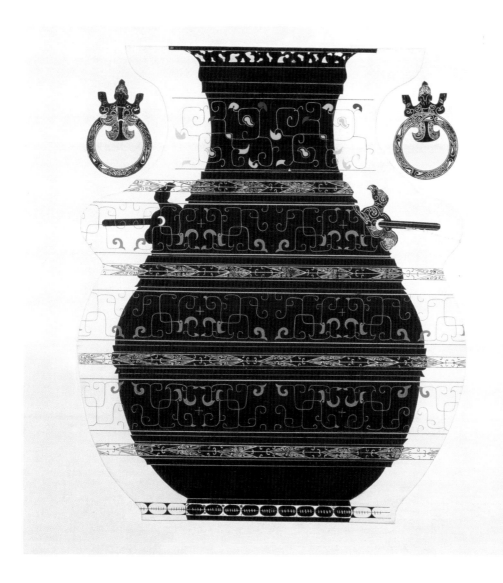

157

嵌紅銅狩獵紋壺

【戰國前期】

通高40.7公分　寬24.6公分　口徑14.7公分
足徑16.7公分　重4.82千克

◎圓體，侈口，雙獸耳，圈足。器身被四圈寬帶將紋飾分為四層，各層均為狩獵圖紋，寬帶飾三角雲雷紋，足飾菱花紋。通體紋飾均以紅銅鑲嵌。

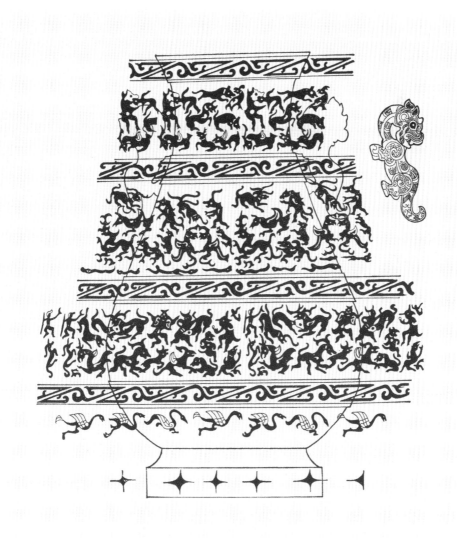

158
燕樂漁獵攻戰圖壺
【戰國前期】
通高31.6公分　寬22.3公分　重3.54千克

◎圓體，侈口，雙獸首銜環耳，圈足。器身被四圈三角雲雷紋帶分為三層，分別為採桑、燕樂、弋射，以及水陸攻戰紋飾。足飾蕉葉紋一周，足下緣飾三角雲雷紋。

◎此壺鑄造工藝精良，紋飾圖案生動，藝術地再現了當時燕樂、攻戰的場面，對研究當時的社會文化生活有著重要的、直觀的價值。

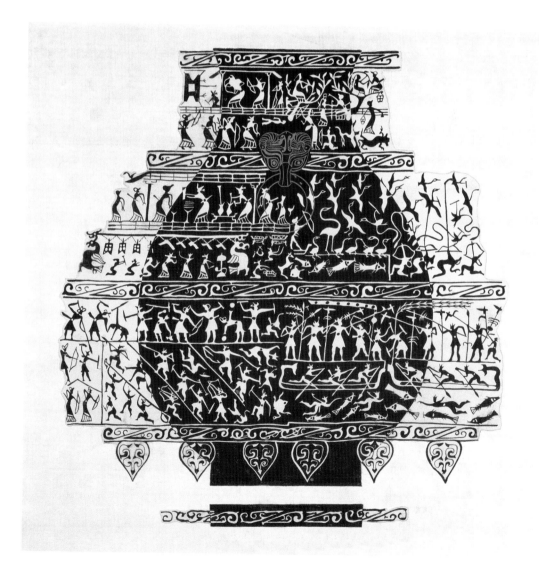

159
嵌紅銅象紋壺
【戰國前期】
通高52公分　寬37公分　重7.34千克

◎體呈扁圓形。束口，溜肩，鼓腹，平底。上有橢圓形平蓋，蓋上正中一環形鈕。頸與腹部最寬處各有一對環鈕，上下對應，在腹部一側的環鈕間亦有一環。頸部飾凸起的鳥紋與象紋各一周，腹部則用鑲嵌紅銅工藝裝飾出龍紋與菱形花紋。

160

魚形壺

【戰國前期】 清宮舊藏

通高32.5公分　寬18公分　足徑15.5公分　重2.4千克

◎立魚形，魚口向上，魚尾向下為足，魚腹、魚背上部有獸
首銜環，魚眼嵌金為飾。

161
鳥飾勺
【戰國前期】
通高8.4公分　口徑7.4公分　重0.2千克

◎圓體，直口，圈足。腹壁外前端飾鳥形飾件，另一端有扁平柄，柄上刻有花紋。

◎此類勺形器有的自銘為「爵」。

螭樑盉

【戰國前期】清宮舊藏
通高24.2公分　寬24.2公分　重3.52千克

◎圓體，直口，碩腹，三人形足，鳥首形流，提樑為弓身螭
形，有蓋，平頂，正中為一猴形鈕，樑與蓋鈕間以掛鏈相
連。器腹飾蟠螭紋及粟紋，蓋口飾蟠虺紋，蓋頂飾雲紋。

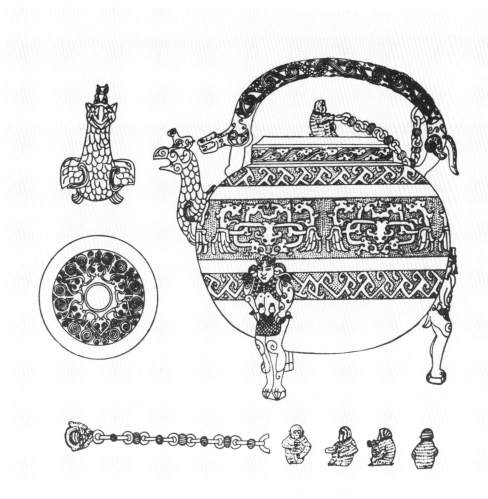

163

龜魚紋方盤

【戰國前期】清宮舊藏

通高22.5公分 長73.2公分 寬45.2公分 重23.5千克

◎長方體，口沿外翻，淺腹，平底，四獸首銜環，底部鑄有四虎形足。寬口沿飾蟠螭紋，內底飾龜、魚戲水圖案，內壁飾曲帶紋，外壁飾雲紋及浮雕怪獸。

164

嵌紅銅蛙獸紋盤

【戰國前期】清宮舊藏（原藏頤和園）
通高12.6公分　寬41.7公分　重3.38千克

◎圓盤，圈足，雙附耳。盤頸飾蟠螭紋二周，足飾三角夔紋
一周、雲紋一周，盤內底正中飾六葉花紋，周圍環飾四蛙，
再外還有八獸紋，雙耳飾動物紋。

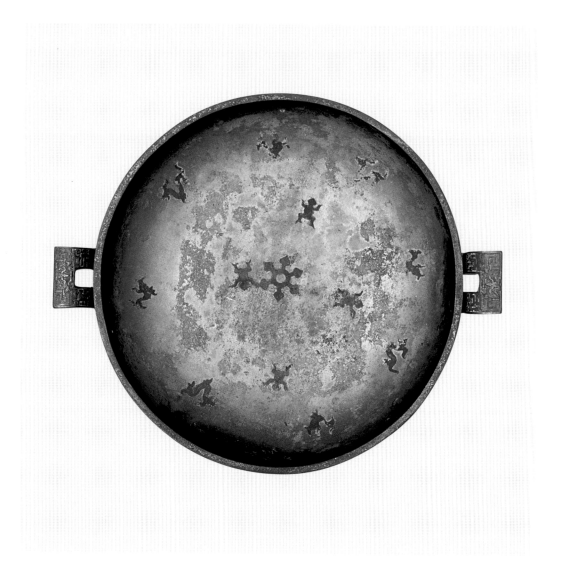

165

蛙紋匜

【戰國前期】

通高11.5公分　寬22.4公分　重0.68千克

◎造型獨特，流作獸頭形，獸頭頂部飾有蛙紋。屈舌獸首
鋬，腹部飾雙線勾邊的三角紋帶。圜底下有三獸足。

166

鏟

【戰國前期】

長33.5公分　寬23.3公分　重1.5千克

◎銅鏟，柄中空，鏟體呈網狀鏤空。

167
蟠螭紋爐
【戰國前期】
通高34.5公分　口徑50.5公分　重7.14千克

◎圓形，似盤，三短足，兩側有環附長鏈，爐身飾蟠螭紋。此爐盤內部有附鏟留下的鏽跡。

◎爐是古人燎炭取暖的用具，最早出現於春秋前期。

168

蟠螭紋編鐘 （9件）

【戰國前期】
通高21.1公分　寬14.6公分　重2.57千克
通高19.8公分　寬13.8公分　重2.17千克
通高18.9公分　寬12.8公分　重1.7千克
通高16.9公分　寬11.5公分　重1.36千克
通高15.6公分　寬10.8公分　重1.12千克
通高14.3公分　寬9.9公分　重1.04千克
通高13.2公分　寬8.8公分　重0.89千克
通高11.8公分　寬8.2公分　重0.72千克
通高11.5公分　寬7.8公分　重0.64千克

◎合瓦形。舞上有橋形單鈕，身有螺旋狀枚。口部上弧，兩銑尖銳。舞部與兩鼓部飾蟠螭紋，鉦部與篆帶間有凸起的絢索紋邊框，內飾蟠螭紋。

169

楚王酓璋戈

【戰國前期】

高22.3公分　寬7.2公分　重0.22千克

◎長援，有胡，胡殘。

◎援及胡飾嵌金鳥篆銘文十八字，記楚王酓璋重擊南越，做此車戰用戈，用以宣揚先王之武功。

◎河南洛陽出土。

170

輪內戈

【戰國前期】
長37公分　寬12.2公分　重0.5千克

◎曲首，內後有輪，輪前有一圓孔，圓孔上下一面飾一龍一虎，一面飾二蛇，近輪處飾一龜紋。

釋文：
三十五年，虒令睢共、視事
豿、冶期鑄。容半齋。下官。

171
三十五年虒令鼎
【戰國後期】
通高19.2公分　寬27.4公分　重4.27千克

◎圓體，三蹄形足，雙附耳。有蓋，蓋上飾三鈕。器光素，僅腹飾一凸稜。

◎蓋、器各有銘文十八字，對銘。記在三十五年，虒地縣令睢共監造，視事豿主造，冶期鑄此鼎，鼎容量為半齋，置於下宮。

172
團花紋鼎

【戰國後期】清宮舊藏
通高18.2公分　寬25.8公分　口徑17.9公分　重3.8千克

◎圓體，三足，雙附耳。有蓋，蓋上飾三伏犧。三犧間以回紋相連，內、外各飾團花一周，器身飾回紋、團花紋各二周。附耳兩面飾回紋，兩側飾雙螭。

173
蟠螭紋鼎
【戰國後期】
通高21.5公分　寬27.5公分　重4.63千克

◎圓形，大腹，三足，雙附耳，有蓋。腹飾蟠螭紋二周，蓋上有三伏犧，蓋另飾有蟠螭紋三周。耳兩側飾鳥紋。
◎河南洛陽西宮秦墓出土。

174
楚王酓肷鼎
【戰國後期】
通高59.7公分　寬60.5公分　口徑46.6公分　重53.8千克

◎體圓，三蹄形足，雙附耳。有蓋，蓋上有三短足，蓋正中一鈕凸起可穿環。蓋與鼎身飾蟠虺紋，足上端飾獸首。

◎蓋上、器口沿刻有銘文，記楚王酓肷鑄此銈鼎，以供每歲嘗祭之用。置於集廚。

◎1933年安徽壽縣朱家集出土。

釋文：

仁集廚

集廚江鼎

楚王酓朏作鑄鐈鼎，以供歲嘗

（蓋內銘）

（器口沿銘）

175

獸紋匕

【戰國後期】

通高21.6公分　寬3.7公分　重0.3千克

◎前端圓，長柄。通體刻有花紋，匕端飾一獸紋，張口立耳，有彎曲犄角，獸長身弓背，兩足，獸尾上翹。長柄上飾魚紋，刻劃極細。

176
茶花紋敦
【戰國後期】
通高17.8公分　寬24.2公分　重3.02千克

◎體圓，三短足，雙獸首銜環耳。有蓋，蓋上飾三伏犧。蓋飾六瓣茶花紋二周，以蟠螭紋一周相隔，器腹上下各飾蟠螭紋一周，中間飾六瓣茶花紋帶。

（器銘）　（蓋銘）

177

軌敦
【戰國後期】
通高17.8公分　寬22.4公分　口徑19.4公分　重3.46千克

◎圓體，鼓腹，三短足，雙獸面銜環耳。有蓋，蓋上飾三伏犧，頂正中有一活環鈕，鈕下飾相同的葉狀紋與圓渦紋，器飾枝狀紋二周。

◎蓋、器各鑄有小篆體銘文「軌」字。

◎河南洛陽西宮秦墓出土。

178
魏公扁壺
【戰國後期】清宮舊藏（原藏頤和園）
通高31.7公分　寬30.5公分　重3.96千克

◎扁體，長方足，肩部雙獸首銜環，通身飾方格紋，方格內飾羽狀紋。

◎有刻劃銘文八字，記此為魏公之扁壺，容積為三斗二升。

179

匏形壺

【戰國後期】

通高35.5公分　寬20.3公分　口徑12.9公分　重2.12千克

◎圓體，瓠形。有蓋，蓋隆起，上有一環形鈕，靠邊緣部鑄一圓筒狀流。頸下與腹部各有一環鈕，與提鋬兩端的圓環相套合。圈足。壺通體素面無飾。

釋文：

四升卸客
四鋝十
一

冢

右

内

佔
七

180
四昇卸客方壺
【戰國後期】
通高38.1公分　口徑17.2公分　腹徑20公分　重4.9千克

◎方體，方足，雙獸首銜環，口下飾嵌紅銅三角紋。

◎方足上有刻銘十三字，記此壺重四鋝十一，容積四升，為卸客所做。置於內槽，位置是右七。

◎河南洛陽金村出土。

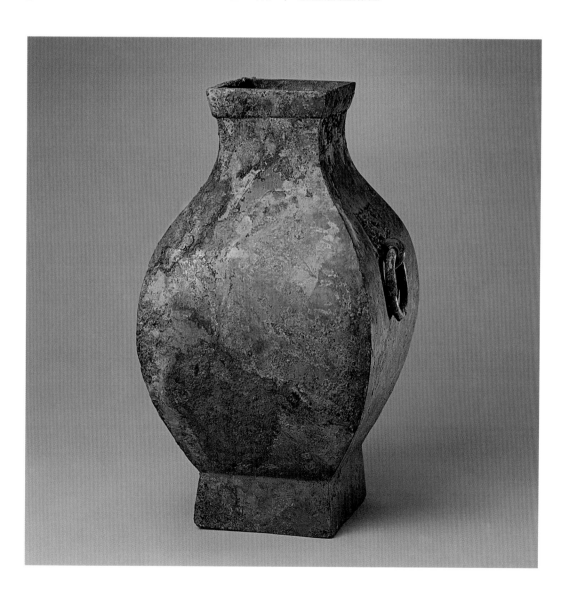

181
鳥紋壺
【戰國後期】
通高37.5公分　寬24.7公分　口徑11公分　重3.48千克

◎圓體，圈足，肩部二獸首銜環。有蓋，蓋上三鈕，中飾渦紋。器頸、肩、腹上飾淺雕鳥紋，四周間隔以弦紋。
◎河南洛陽西宮秦墓出土。

182
錯金嵌松石樽
【戰國後期】
通高15.3公分　寬12.2公分　重0.66千克

◎筒形，有環鋬，三獸足，平底，把作鳥形，足上端作獸首。器通身以綠松石嵌成菱形、三角形紋飾，菱形上下角還以錯金為飾。

183

錯金銀鳥紋虎子

【戰國後期】

通高13.6公分　寬22.6公分　底徑12.4公分　重1.7千克

◎器扁圓，大腹，有流，有鋬。通體飾金銀絲鑲嵌紋飾，腹部以鳥紋為主題紋飾，口部、腹下飾三角形連紋，底部飾嵌金渦紋。

（器底銘）

（器口銘）

釋文：

楚王酓朏作鑄金匜，以供歲嘗

辛。

184
楚王酓朏簠
【戰國後期】
通高12公分　長31.9公分　寬21.7公分　重5千克

◎長方形，方足中空，腹飾蟠虺紋。

◎器口上有刻劃銘文十二字，記楚王酓朏鑄此金簠，以供每歲嘗祭之用。

◎1933年安徽壽縣朱家集出土。

釋文：
鑄客為王后六室為之

185

鑄客簠

【戰國後期】

通高12.5公分　長31.6公分　寬21.7公分　重2.18千克

◎長方形，四方足，腹飾為蟠虺紋組成的幾何圖形。

◎器口有刻劃銘文九字，記外方冶鑄匠人「鑄客」為王后六室做此簠。

◎1933年安徽壽縣朱家集出土。

釋文：
大府之饋盞

186
大府盞
【戰國後期】
通高14.4公分　口徑.23.3公分　重3.24千克

◎器作半球形，雙環耳，足作虺形，虺首著地。器口上有銘文五字，記此器是大府所用之盛盞。

◎1933年安徽壽縣朱家集出土。

187

鑄客豆

【戰國後期】

通高30公分　口徑14.2公分　重2.34千克

◎圓體，直口，高柱圈足，素無紋
飾。

◎器口沿有刻劃銘文九字，記外方
冶鑄匠人「鑄客」為王后六室做此
豆。

◎1933年安徽壽縣朱家集出土。

釋文：
鑄客為王后六室為之

188

鑄客缶

【戰國後期】

通高46.9公分　寬46公分　口徑18.4公分　重16.22千克

◎圓體，圈足，大腹，小口，肩部鑄有四環。

◎器口外有刻劃銘文九字，內容與「鑄客豆」相同。

◎1933年安徽壽縣朱家集出土。

（蓋銘）　　（器銘）

釋文：
鑄客為集醻為之

◎圓體，鼓腹，有流，流作獸首形，三鐵鑄短足，有樑，有蓋，樑兩端飾獸首，樑與蓋間以二環相連。蓋與腹上部飾羽狀紋。

◎蓋外側，器口旁各有刻劃銘文一行七字，記外方冶鑄匠人「鑄客」為王之集醻做此盉。

◎1933年安徽壽縣朱家集出土。

189
鑄客盉
【戰國後期】
通高21.9公分　寬32.5公分　重3.52千克

（器腹銘）

（器口銘）

釋文：
楚王酓忎戰獲兵銅。
正月吉日，煎鑄炒盤，
以供歲嘗。
冶師紹坒佐陳共為之。

190

楚王酓忎盤

【戰國後期】
通高7.9公分　口徑38.5公分　重3.08千克

◎淺盤無足，凸底平唇，素無紋飾。器口、腹部各有銘文一行，口上二十字，腹外九字。記楚王酓忎在戰爭中繳獲大量銅兵器，正月的一個吉祥日子，把銅兵融化，鑄成這個炒盤，以供每年的嘗祭使用。這個盤是冶師紹坒輔助陳共所作。

◎1993年安徽壽縣朱家集出土。

191

獸首編磬（6件）

【戰國後期】

長27.6公分　寬6.7公分　重1.15千克
長23.2公分　寬5.8公分　重0.83千克
長22公分　　寬5.5公分　重0.8千克
長19.8公分　寬5.3公分　重0.65千克
長18公分　　寬5公分　　重0.5千克
長15公分　　寬4.1公分　重0.3千克

◎均作寬扁條狀中折，一端飾獸首，並有一圓穿孔。

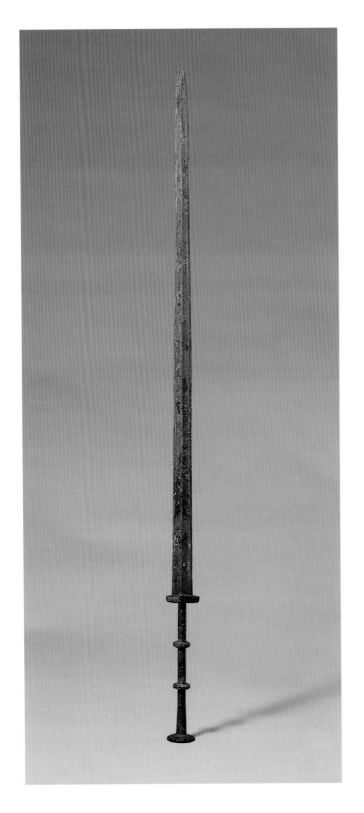

192
長劍
【戰國後期】
通長93.5公分　寬5公分　重0.75千克

◎劍身修長，細莖圓首。莖有二隔，
劍首及鐔錯金飾，並嵌有綠松石，莖
部另有纏繞金絲二小段。

193
十七年相邦春平侯鈹
【戰國後期】
長33.2公分　寬3.4公分　重0.31千克

◎長鋒，脊扁平，扁莖，莖上有一圓穿。

◎一面脊上有刻劃銘文二行二十字，另一面刻五字。記在十七
年，宰相春平侯監造，邦左伐器工師長葦主造，冶沈鑄造。

釋文：
十六年，大
良造庶長
鞅之造。雍
□。

194

大良造鞅鐓

【戰國後期】

通高5.7公分　寬2.4公分　重0.08千克

◎圓筒狀，平底，中空，有節，節下有相對二穿孔。

◎有刻劃銘文四行十三字，記在十六年，大良造的庶長鞅
（即史書載「商鞅」）造。鑄造地在雍地。

◎河南洛陽出土。

195
王命傳任龍節
【戰國後期】
長20.5公分　寬2.7公分　重0.5千克

◎龍節，直尺形，一端作龍頭形。

◎兩面共鑄有銘文九字，記王命，命驛傳之任。見此節之驛站，可供一擔之飲食。

◎同銘器傳世六件，已知其一出土於長沙東郊墓葬。

196

王命傳任虎節

【戰國後期】
長15.9公分　寬10.7公分　重0.47千克

◎虎節，體扁平，作臥虎形。

◎一面有刻劃銘文四字，記王命，命驛傳之任。

197
蟠螭紋銅鏡
【戰國後期】
直徑19.3公分　重0.527千克

◎柱形鈕，圓形鈕座中空，凸起於鏡背，有鏤空花紋三組。主紋為三個相互盤結交錯的蟠螭紋，地紋為圓形與三角形相間的雷紋組成，素捲緣。

198
蛙鈕蟠紋銅陽燧
【戰國後期】
直徑4.4公分　重0.03千克

◎凹面、凸背、蛙形鈕，環鈕飾四雙身蟠螭，素緣。

◎陽燧是古人以日光取火用的凹面銅鏡，《淮南子‧覽冥》：「夫陽燧取火於日，方諸取露於月，天地之間，巧曆不能取其數。」

199

錯銀螭首帶鉤

【戰國後期】

通高13公分　寬1.9公分　重0.05千克

◎條形，獸首鉤。身飾直稜紋，末端作螭首，用浮雕手法裝飾，紋飾清晰，風格豪放。外部鎏銀，光艷奪目。

200
錯金幾何紋帶鉤

【戰國後期】

通高13公分　寬0.4公分　重0.02千克　　　　　| ◎琵琶形，獸頭鉤。身飾錯金幾何紋圖案。

附錄一　論古代青銅器鑑定的
四大要領 | 丁　孟

墓葬中經過科學發掘出土的青銅器，舊貌自然，可藉墓葬和其他隨葬品佐證參考，並用現代科技方法進行鑑定。而大量存於民間，流通於國內外文物市場的所謂傳世品，大多是非正規的發掘物，加之宋朝以來三代青銅器的仿製摹古之風盛行，贋品充斥，魚目混珠，用現代科技方法，成本較高，年代測試資料誤差較大。所以，鑑定青銅器文物，除了需對當時的政治、經濟、社會、文化藝術等歷史知識有綜合的瞭解外，還要靠我們的鑑定能力，從把握各代青銅器的典型風貌和基本特徵著手，作規律性的認識，進行科學的鑑別。

下面就對我國古代青銅器鑑定的基本要領作一概括性的介紹。

一、造型

中國古代青銅器有著豐富的造型，它是鑑定真偽的重要依據。這是因為各類器型的出現和演變，多能確切表現其時代的禮儀制度、審美標準、風俗面貌和技術條件。若能熟悉並善於識別其形狀和神態，就掌握了一種比較可靠的鑑定方法。

對於夏商周各代的一些典型器型，特別是知名器物，更應爛熟於心，形成固有的正宗概念。因為越是知名器物，越是會有人去仿製。在鑑別中，有了準確的器型概念，就能體會各時代的不同風格和特點，無需多究，便可一眼識破那些低劣的贋品，對於那些貌似的偽作，經細心體察和揣度後，也能看出其細微差別和破綻。

在掌握各時代青銅器各種器型的特徵及時代風貌的同時，應側重對形制的輕薄、厚重、粗糙、華麗、樸素、繁複等不同風格進行研究，分析對比，摸清其演變規律。久而久之，便可充分利用不同器型特徵，熟練地鑑別真偽。夏代的青銅器器小體薄，加之品種較少，後仿者寥寥無幾。商代的青銅器造型種類明顯增多，並且製作精工，有些是空前絕後之作，如故宮博物院藏的三羊尊，氣勢雄偉，肩部裝飾的三隻高浮雕捲角羊頭，形象逼真。此尊是經過兩次鑄造而成的，先鑄尊體，並在肩部相應的位置上預留孔道，然後在孔道上再搭陶範，鑄製羊頭。合範法鑄造工藝，這時達到了很高的水準。另外，迄今發現最大、最重的青銅器，是殷墟吳家柏樹墳園出土的後母戊（又稱司母戊）大方鼎，高133公分，重875千克。這件巨大的青銅鼎表現了商朝後期青銅製造業的發達和繁榮。這時青銅器還出現有許多動物形的容器，可作立體雕塑觀賞，如象尊、犀尊、豕尊、羊尊等。最常見的是鴞卣，卣體兩鴞相背而立。正是由於其超凡的藝術價值，後世仿品贋作眾多，但若不具備很高的技術水準，難以仿製成功。西周時期又有許多創新之作，風格上古拙簡樸與凝重典雅兼而有之，只是比商代的作品未免粗糙。東周，器型出

現了許多新變化。春秋時期，由於分鑄法的廣泛應用和失蠟法鑄造的出現，製造出了很多造型優美，結構複雜的青銅器物，立鶴方壺就是這時的一件偉大作品。戰國時期，青銅器的製作則趨於輕靈奇巧，簡易實用。後仿者很難追摹。

對於古代青銅器的造型，要從耳、口、流、頸、腹、鋬、足、底和器裡去觀察。只要熟記器體各部位的大小和比例關係及器物體重厚薄，再參考紋飾、鏽蝕、銘文等各種特徵，分析對比，就能辨別新舊真偽。

二、紋飾

青銅器上的紋飾，也和造型一樣，具有鮮明的時代特徵。並且由於青銅器鑄造工藝的不斷豐富和改進，無論在題材內容及表現手法方面，不同時期的紋飾均有不同的風格和特點。這是歷代青銅器斷代和辨偽的有利證據。

夏代青銅器一般平素無紋飾。商代早期青銅器的紋飾，還沒有作為圖案襯地的花紋，即所謂地紋。紋飾大多作帶狀，並常見弦紋、獸面紋和夔龍紋。獸面紋的線條圓轉流動，很有特色。在帶狀獸面紋上下夾以連珠紋，則是當時的流行設計。商代中晚期紋飾內容豐富，變化突出，不但流行通體滿花，絕大多數使用雲雷紋作為地紋，以填充主題紋飾外的空間，而且還出現了在圖案上重疊加花的所謂三層花，形成了富麗繁縟之風格。此期青銅器紋飾中動物紋樣大大增加，最典型的花紋是具有神秘色彩的饕餮紋，其形狀多變，一般尾部下捲，鼻額突出，咧口利爪，巨目凝視，雄嚴詰奇。有的大幅饕餮紋紋體鼓起，曲角高聳，突出器外，配以浮雕龍、虎、羊首、鹿首和牛首等動物形象，峻挺方折、精湛無比；有的全身滿施饕餮紋，器體稜脊四起，深鏤細刻富麗堂皇。其他花紋還有夔紋、蟬紋、蠶紋、小鳥紋等。這些動物紋樣，少數是肖生的，更多的則是神話性的禽獸。

西周青銅器紋飾漸趨簡樸，帶狀花紋又流行起來。紋飾以大小分尾鳥紋、顧首夔紋、竊曲紋為主。早期常見的蟬紋、蠶紋、象紋等寫實的動物紋樣已經絕跡，複雜的饕餮紋變得渾樸簡小，由器物的主體退居到不注目的足部。春秋時期，代表一種新的趣味、觀念、標準和理想的青銅藝術在勃興。構圖細密，成網狀佈局的蟠螭紋和蟠虺紋的產生，則是新潮流的一種標誌。螭，一些古籍中說它屬龍。所謂蟠螭紋，指以兩條或更多小螭龍相對糾結。虺，《國語・吳語》說「為虺弗摧，為蛇將若何」。青銅器上的蟠虺紋，則是許多小蛇狀的動物相互纏繞。它們都是作為花紋單位重複出現的一類紋飾。蟠螭紋和蟠虺紋是由神話動物構成的，但它僅是圖案，一種供人欣賞的裝飾，不再有神

秘的意味。戰國青銅器，在工藝上繼續對紋飾進行了革新改造，除蟠螭紋外，流行鉤連雷紋、貝紋、絢紋，同時大量出現方塊形或三角形雲紋。貴重器物往往採用生產工序最為繁複，形式最為華麗的錯金、錯銀、嵌錯紅銅、松石和細線刻鏤等先進的工藝技術。一些嵌錯著描寫當時貴族宴飲、征戰、格鬥、樂舞、射獵等現實生活圖像的器物，斑駁陸離，多彩多姿。在斷代和鑒別真偽時，要知道一些特殊風格圖案和裝飾的風行時代，瞭解其社會背景。對同一紋飾在各個時期的不同演變，也應作大量細緻的對比分析。有助於我們認識並掌握紋飾內容和風格的發展規律。

作偽者雖費盡心機照抄古代青銅器圖樣進行仿製，但終究貌合神離，難以準確再現原物神韻。因為，後仿在作偽的過程中必遇到其時代不可逾越的障礙，受到其時期原料、工藝條件的限制，達不到先人的製作水準。另外，紋飾也有各時期特殊的表現和微妙的時代特點，往往為後世偽作者所忽略，不知就裡，張冠李戴，如戰國器上飾以商代饕餮紋；商代器上出現東周時期的蟠螭紋。

鑒定真偽，還可根據鑄紋和刻紋的不同特點加以區分。如商周青銅器的鑄紋線條的凹槽呈上窄下寬狀；花紋線條轉折處微顯圓，並非直角。若從紋飾的線條上來觀察後仿器，則覺生硬、滯斷、呆板。對於那些舊胎刻填加漆、加金銀片的偽器物，往往難以一下識破，還需結合其他方面特徵，研究辨析。

三、銘文

商周青銅器的珍貴價值，突出表現在銘文上，銘文成為史料的關鍵。

首先，要明確銘文的時代。西周是銘文的最盛期，對於西周銘文的斷代問題，王國維在考釋通簋時指出：「此敦稱穆王者三，余謂即周昭王之子穆王滿也。」何以生稱穆王？曰：「周初諸王，若文武成康昭穆皆號而非諡也。」學者稱其斷代原則為「時王生稱說」。郭沫若用此原則先定出若干標準器，然後將與其人名、事件有關，形制、紋飾相近諸器串聯起來，構成一個時代相近的器組，此法被稱為「標準器斷代法」。在《兩周金文辭大系》中串聯西周銘文二五○件，取得很大成功。唐蘭先生著名的《西周銅器斷代中的「康宮」問題》和《周昭王時期的青銅器銘刻》，也討論了西周金文斷代問題，他提出金文中的「康宮」即康王之廟，凡記有「康宮」的銅器應定為康王身後之器。根據這一原則，金文中所記「康宮」中的「夷宮」、「厲宮」，應為夷王、厲王之廟，金文中凡記有夷、厲二宮之器，自應是夷王、厲王身後之器。他的這些分析，到目前為止，尚未發現與考古發掘的器物相矛盾者，並不斷被新出土的銅器銘文所肯定。因

而，他的「康宮原則」也逐漸為多數學者所接受。

　　其次，要仔細觀察銘文內容和字體，是斷代和鑒別中必不可少的一環。

　　從銘文的內容來觀察，要注意字數的多少與內容結構。商代前期青銅器上開始有了僅幾個字的以象形為特徵的族名金文。到了商代後期青銅器普遍出現銘文，故宮博物院藏𢼸其三卣，銘文記述了帝辛時期的賞賜、祭祀等內容，它們是商代銘文最長的幾件器。此期有銘青銅器的多數銘文都極為簡短，有的僅有一個象形性很強的字，有的由幾個象形的字構成一個短語。這類銘文雖少有文例比附，但多數可以在甲骨文方國名、地名、人名中找到同形字，其中有被學者釋讀的則多是文獻中的古國名或家族名。字數較多的族名，一般是可以分出方國、家族、私名等幾個層次的。此外，也有一小部分這類銘文是表示該銅器的方位、功能，或是八卦符號等，並不屬於上述內容範圍。族名金文最早出現在商代前期，多數屬商代後期到西周早期，西周中晚期至春秋時期仍有少數殘存。它從一個側面反映了當時社會組織結構的真實狀況。西周早期青銅器長篇銘文增多，有的直接記載了武王伐紂、周公東征等重大歷史事件，有的記述了分封諸侯、祭祀祖先，以及與殷遺、鬼方、楚荊的戰爭和賞賜臣工等。西周中期銘文有的涉及當時土地和法律制度，有的則記載賞賜冊命。西周晚期銘文在一百字以上者屢見不鮮，有的可達近五百字，多記載對淮夷和獫狁的戰爭、土地糾紛、法律訴訟和賞賜冊命等，其內容多可與《詩經》、《尚書》等古文獻相比附。春秋時期，青銅器銘文多鑄在顯著部位，除書史性質外，也注重了裝飾。文體多用韻文。戰國青銅器銘文除個別長篇外，多為「物勒工名」。

　　從各個時期所具典型字體入手，體會各代筆法的不同風格，也是斷代和判偽的一種切實可行的途經。研究並類比各個時代不同形式的字體特點，找出其繼承發展演變規律，乃和造型、紋飾一樣，至關重要。商代後期書體為「畫中肥而首尾出鋒」的波磔體，有些字體結構尚未脫離圖形文字的形態。西周中期銘文字體波磔漸少，結構趨於疏散。西周晚期銘文行款整齊，筆劃勻稱。厲王時的小克鼎銘文，是最具代表性的書體。春秋，書體呈各種風格，晉、衛、虢、鄭端莊秀勁，秦銘規整，吳越銘文修長，並加以禽鳥形的飾筆，極富藝術色彩。

　　另外，在注意總結不同時期青銅器銘文不盡相同的變化規律的同時，也要注意實踐，將真假實物銘文，相互比照，反覆審度其字體的結構，排列的形式，鑄造的部位，

筆道的深淺等。切忌流於主觀片面，妄斷真偽。

四、鏽蝕

　　古代青銅器幾乎都經歷過漫長歲月的地下埋藏。由於地下環境及出土後自然環境的影響，它們都遭受到了不同程度的腐蝕。由於所處的環境不同，經歷的條件不同，所以古代青銅器上鏽蝕的情況千差萬別，憑鏽蝕特點來辨偽也就相當重要。

　　青銅器在地下埋藏，受地下和地上環境中各類物質如土壤中的無機鹽、硫化物，以及空氣中的二氧化硫、二氧化碳、氧等影響生出各種鏽，其中氯化亞銅和鹼式氯化銅對青銅器是有害的，它們為白綠色，呈粉末狀，故稱「粉狀鏽」。除此之外，銅器上無害鏽種類很多。這些鏽為多年生成，是侵蝕銅質裡生成的，它們一層一層地長出來，堅固緻密，不易剝落。

　　作偽的青銅器或部分作偽的器物必然要用銅鏽偽裝。「點土噴鏽」的方法，雖然偽裝得很像，但一遇硬物磕碰就會脫落，一碾即成粉末狀。用硫酸銅、氯化銨等化學調配做鏽，效果很好，但終究不是長時間自然形成的，浮於器物表面，缺少層次感。

　　對於真偽器表面不同的鏽蝕，除以眼目直觀外，必要時還可借助竹簽和低濃度酒精等，特別是對較難鑑別的後作舊器，觀察時更要注意鏽蝕的色澤變化，光澤的新舊，以及鏽層的厚薄等特徵。再參考紋飾、造型、銘文的各種特徵，分類對比，觸類旁通，才不致真偽混淆，新舊模糊。

　　總之，要用我們的「眼力」來鑑別古代青銅器真偽，上述條件的掌握，至關重要。對於鑑定工作來說，單憑書本知識是遠遠不夠的，還必須通過實踐，積累豐富的經驗，才能真正做到鑑真識假。

附錄二　中國仿製青銅器的產生、發展和鑑定 ｜丁　孟

　　青銅文化是人類文明發展到一定階段的產物，我國從夏代開始進入青銅時代，到商代，出現了大量氣勢恢弘、紋飾繁褥的成組合的青銅器。進入西周、東周時期，又出現了一批具有長篇銘記歷史事件的青銅器，這是中國青銅文化的兩個特有現象。從此，青銅器的製造和發展，歷代綿延不斷，並呈現出各時代的特徵與風格。

　　自漢代以來，地不愛寶，青銅禮樂器時有出土，其威嚴的紋飾，雄偉的氣度，深得帝王之心，被視為國之祥瑞。於是官民貢獻於上，皇室搜求於下，逐漸成為皇家的重要典藏。宋代曾集宮中所藏編成《宣和博古圖錄》。清代乾隆年間，則將宮中藏青銅器先後編輯了《西清古鑒》、《西清續鑒甲編》、《西清續鑒乙編》、《寧壽鑒古》等圖錄。正因為帝王對商周禮制考訂的推動，宮廷與民間遂興起了研究與仿製古銅器的熱潮。

　　早期的青銅器，或為權力的象徵、或為廟堂之禮器、或為歷史事件的紀念物，無不顯示其神聖與莊嚴。西周以後，隨著「銘上下，別等列」的禮樂制度衰敗，青銅器的使用範圍逐步擴大到貴族的生活之中。作為禮器和作為貴族生活用品的青銅器，不論是造型、規格和紋飾都有明顯的差別。而受到儒家子弟尊崇的青銅器，只是禮器部分，後世的仿製和造假活動也主要圍繞這一部分進行。青銅禮器又被稱作青銅「彝器」，《左傳·襄公十九年》藏武仲對季孫說：「且夫大我小，取其所得以作彝器，銘其功烈，以示子孫。」晉杜預注：「彝，常也，謂鐘鼎為宗廟之常器。」故此仿製的青銅器，也稱「仿古彝」。

一、仿製古銅器探源

　　從文獻上看，青銅器的仿製最早可以上溯到春秋時期。據《韓非子·說林》記載：「齊伐魯，索讒鼎，魯以其贗往，齊人曰：『贗也』。魯人曰：『真也』。齊曰：『使樂正子春來，吾將聽子。』魯君請樂正子春，樂正子春曰：『胡不以其真往也？』君曰：『我愛之』。」由此可見，春秋時期為了防範強大國家的勒索，對一些珍貴的青銅器，已經在進行仿製。不過這時的仿製水準還不高，容易被人識破。

　　漢、唐時期，青銅器的仿製也偶有發現。西漢初年找周鼎之風盛行。《史記·封神書》：方士新垣平言於漢文帝曰：「周鼎亡在泗水中，今河溢通泗，臣望東北汾陰直有金寶氣，意周鼎其出乎？兆見不迎，則不至。」於是「因說上設立渭陽五廟，欲出周鼎」。後有人上書告新垣平所言神氣事皆詐，新垣平被夷三族。但所埋的偽鼎到漢武帝時才被發現。武帝不辨真偽，以為是周鼎，於是把年號改為「元鼎」，以資紀念；並作

了寶鼎歌。然而偽鼎卻被吾丘壽王識破，曰：「非周鼎」，這卻觸怒了漢武帝，為免於禍，吾丘壽王解釋說：「今漢自高祖繼周，亦昭德顯行，布恩施惠，六合和得，天祚有德而寶鼎自出，此元之所以與漢，乃漢寶，非周寶。」

唐代，據《闕史》記載：唐劉蛻辨鐵盎之非齊桓公器，疑即時人偽造。

另外，唐代仿青銅器也有實物存世，如：北京故宮博物院就藏有一件唐代仿西周觶，高15.4公分，口徑7.5公分。觶體上過蠟，口內、足內、外頸均有明顯的旋紋，底部下凹，圈足較高。這件仿器的破綻有三：第一、比真器質細，有唐銅的特質，表面呈黑灰色，是熟坑器。第二、仿器的口、足內和頸外均有細而淺的凹弦紋，這是商周青銅器及其他時期仿造器所沒有的。第三、唐觶底下沉，被置於圈足上。

從漢武帝「獨尊儒術」以來，儒家思想逐漸佔據了統治地位。儒家學者一慣把「三代」的禮樂典章奉為楷模，「三代」青銅禮器因而備受歷代儒學家的尊仰。商周時期的大量傳世青銅器，在秦始皇統一六國後，或毀於兵燹，或在秦始皇「銷天下兵器為金人」的過程中被熔。因此，由漢至唐偶然發現一件青銅器即被視為「祥瑞」。漢武帝元鼎元年，得鼎汾水上，乃改元為「元鼎」。唐開元十一年，獲鼎，改河中府之縣名寶鼎縣。由於統治者的崇拜，仿造作偽一旦被發現，就將招致殺身之禍。因此，仿品雖然已經出現了，其數量很少。歷史上，青銅器的大規模仿製和大批量偽造，都開始於宋代。

二、宋代仿造的銅器及其識別

宋太宗趙匡胤發動陳橋兵變，從後周的孤兒寡母手中奪取了政權。為了掩蓋不光彩的歷史，有利於統治，宋朝從建立之日起就著力修訂禮法典章。正如《宋史》所載：「宋太祖興兵間，受周禪，收攬權綱，一以法度振起故弊。」

北宋王朝在修訂禮典制度過程中，崇尚復古，稽考先秦禮制。《宋史·禮志》二載：宋徽宗大觀初年（1107年），設置議禮局「詔求天下古器，更製尊、爵、鼎、彝之屬。」這就是北宋宮廷大規模仿製古青銅器的開始。

由於北宋王朝「詔求天下古器」，因此全國各地盜掘古墓成風，古青銅器的出土日益增多。隨著古青銅器的大量出土，人們也就不再把它視為「祥瑞」和「神物」。一些人或出於玩賞的目的或出於研究的要求，開始對古青銅器加以收藏。《考古圖》列宋人收藏者，有河南文潞公、廬江李伯時等三十餘家。但當時最大的收藏者還是徽宗皇帝，他收集的古青銅器達二萬五千多件，特建宣和殿收藏，這是世界上最早、藏品又最豐富的青銅器博物館。但新發現的古青銅器並未悉數進入宮廷，大部分流入民間，從而導致

青銅器交易的合法化，出現了古物市場。葉夢得在《石林避暑錄話》中記載：「宣和間內府尚古器……而好事者複年尋求，不較重賈，一器有值千緡者。」由於青銅器的市場價格不斷提高，這就為造偽獲利提供了條件，青銅器造偽的大量出現已不可避免。

宋代仿造的青銅器分為兩類：一類是宮廷內仿製的青銅器，它是指秉承皇帝的旨意，由設立的專門機構，進行的仿製；另一類是民間工匠偽造的青銅器。

1.宮廷內仿造的青銅器

宮廷仿造的青銅禮樂器全部用於皇家的祭祀活動和宮廷內的演奏。這類青銅器著力於仿古，而很少作偽，其品質大大超過民仿。不過，這些青銅器卻因連年的戰火，大多被破壞了。大晟鐘和政和鼎、宣和三年尊是存世的，具有代表性的器物。下面以此為例，對宮廷仿製青銅器的情況，以及這類仿製品的特點，作一簡單的介紹和分析。

大晟鐘是宋徽宗所製新樂──大晟樂裡的編鐘。該編鐘是由宋徽宗崇寧四年（1105年）設立的樂器製造所和瀉務司製造的。大晟鐘作為宋徽宗重製新樂裡的重要樂器，曾於政和三年（1113年）演奏過。靖康二年（1127年）被金兵劫掠到北方，其中一部分為金郊廟社稷所用，金人認為「歷代之樂各自為名，今郊廟社稷所用宋樂器犯廟諱，宜皆刮去，更為制名」。於是「乃取大樂與地同和之義」，改刻「大和」。現存於國內外各博物館的大晟鐘和「大和」款鐘共計有十餘種。

大晟鐘為橢圓形筒式樂鐘，雙龍鈕，身飾蟠虺紋，正面有「大晟」款，背面鑄有律名。其製作十分精緻，是一般仿製銅器所不能及的，這除了宮廷仿製不計成本外，同當時研究樂律和鑄造樂鐘均用出土的古鐘作標本有關。大晟鐘就是仿照當時新出土的春秋時期宋公成鐘製作的。

徽宗朝復古三代的隆禮作樂，不只需要仿古樂器，更需要仿古禮容器。政和鼎鑄成，代表該朝高度的典據商代的仿古能力。政和鼎二耳，圓腹，三柱足。器耳在口沿上，與春秋以來通行的附耳不同。其形制為流行於商後期至西周早期的鼎形。紋飾為高浮雕的帶身獸面紋，有雷紋為底，三組紋飾間有稜脊相隔，這也是商後期所通行的。

政和鼎銘文的內容及書風則在仿古之餘展現宋代新意，也表明了它是宋代的復古鑄品。商周時期鼎的銘文部位在內腹壁，而政和鼎的銘文，則在內底上。政和鼎銘文七行二十三字：「惟政和六年十又一月甲午，帝命作銅鼎，易領樞密院事貫，以祀其先，子孫其永保之。」記該器是在政和六年十一月時，皇帝下令賜給領樞密院事童貫的銅鼎，用以祭祀其祖先。這是童貫的家廟祭器。

宣和三年尊是又一件宮廷仿造的禮器，為筒形，通高二十九公分，口徑十七·四公分。侈口，圈足，扉稜將器身四等分。口下飾仰葉紋，頸部飾蠶紋，腹上與圈足飾獸面

紋，以雲雷紋填地。內底鑄有銘文二十六字：「惟宣和三年正月辛丑，皇帝考古作山尊，豑于方澤，其萬年永保用。」由此可知該尊是陳設在方澤壇上的。

宋徽宗對禮器形制的考證十分認真。不僅禮器全部仿製古器製作，而且器形的選擇也要徽宗本人決定。正如趙佶在政和三年七月乙亥的詔書裡所要求的，「可於編類御筆所置禮制局，討論古今沿革，具畫來上，朕將親覽，參配其宜蔽，自朕志斷之，必行革千古之陋，以成一代之典，庶幾先王，垂法後世」。宣和三年尊是仿照《宣和博古圖》著錄的商祖戊尊製作的。

大晟鐘、政和鼎和宣和三年尊是宮廷仿製有代表性的禮樂器。通過對這三件青銅器的分析，可以找到宮廷仿製青銅器的特點。大晟鐘仿春秋鐘製作而成，但從紋飾上看，較之春秋鐘要鬆軟、模糊。宣和三年尊與商尊相比，更是貌合神離。商尊上的扉稜規整有力，從而器物有一種穩定感；宣和三年尊上的扉稜僅簡單的作成曲線形花邊，這在商尊中是沒有的。再者，宣和三年尊較之商尊，地紋鬆軟無力，主紋獸面散而變形。政和鼎的仿鑄，顯然也有商代後期的鼎作摹本，但是在紋飾方面，由於刻意復古，不免流露出拘謹。

當然，北宋政和年間朝廷鑄造的仿古器還有許多，但多數沒有記載，以致於後人見到了也認為是古器，如薛季宣《浪語集》有《得欽崇豆記》，記紹興二十七年得豆於延陵，這時距政和乙未有四十二年，卻說「皆古文，蓋商器也。湯既伐夏，受天命，製禮器，而豆作焉」。可見宋代已有不能辨者。

北宋政和年間翟汝文為禮製局的詳議官（負責宮中監造製器），記錄了政和乙未年（1115年）鑄造的帶有銘文的十六件器物，為我們留下了珍貴的資料。可惜形制、紋飾已看不到，銘文釋文見於翟汝文《忠惠集》所載有：

政和洗銘（二篇）：

惟政和乙未某月甲子，帝作洗，用祀，萬世永享。

帝假有廟，作洗，永用享。

簠銘（三篇）：

帝承天祚，受簠錫命臣炳臣師成范金孔肖，稱祀於世室。臣某祗帝顯命，識於簠曰，永寶用享。

惟政和乙未某月甲子，帝崇配昭考，肇稱于總章，爰作嘉簠。皇天顧歆明德，俾帝萬年有祚。

帝作簠象物，用昭事神。神永有依歸，純佑命於我邦。

簋銘（二篇）：

惟政和乙未某月甲子，帝憲三代，作禰宮，配皇考於后帝，作簋薦新。天錫眉壽，萬年其永無斁。

帝祼清廟，作簋，吉蠲明神。神鑒馨德，俾帝萬年，永綏受命。

雞彝銘（二篇）：

帝集寶命，昭德於彝器，作雞彝用享。神歆明德，俾帝萬壽。

帝監三代，作雞彝，肇稱於閟宮。神作景福，永命于我有宋。

豆銘（三篇）：

帝欽崇元祀，作豆維旅，其典神天于永世。

帝作豆，禋於太宮，子孫永寶無斁。

政和乙未某月甲子，帝孝思罔極，率見神考，始作豆，禋于明堂，惟克永世。

明堂犧尊款識：

惟政和乙未某月甲子，帝初作合宮，肆尚見帝，升侑聖考，作犧尊，用祼皇天，申錫帝祉，永綏受命。

圜丘犧尊款識：

帝古象物，制器維則，作犧尊，用享于宗佑，子子孫孫其永保承。

山罍銘（三篇）：

惟政和乙未某月甲子，帝明禋於世室，佑我烈考，作山罍薦鬯，惟帝萬年，永承天祚。

帝稽古作宋器，貢金九牧，始用山罍于嘉享，子子孫孫其永保承。

帝昭事于宗祧，作山罍薦享，佑我先后，其歆于永世。

景鐘銘：

惟政和乙未五月甲子，景鐘告成。皇帝以身為度，鑄鼎生律。鼎九斛以應黃鐘之數，仰為九鼎，複為九鐘，眾樂宗焉。以冬至之日，奏于郊丘，肆類上帝。取中聲以迎氣至，極九數以召眾陽。天為顧歆，罔有弗格。臣某考制撰德，而作銘曰：於皇聖神，奮豫晟樂。律度自躬，惟聖有作。于論景鐘，量鼎所容。有鴻其聲，象帝顯庸。帝薦郊丘，鐘聞於天。綏我思成，孚佑歷年。臣拜稽首，天子萬壽。永底于成，式是金奏。

另外，載於《籀史·祭方澤禮器款識》的鼎銘和簋銘又有二：

政和甲午五月庚午十有二日丙戌，帝以夏日之至，祗事于方澤，作牛鼎用享，萬世有祚。

政和甲午，帝以五月庚午十有二日丙戌，肇祭于方澤，制器尚象，作簋，以格明祇，萬世永賴。

而清代以來，見於著錄的宋代禮器還有十一器：

《甲午牛鼎》（《宋政和禮器文字考》）：

惟甲午八月丙寅，帝若祁古，肇作宋器，審厥象，作牛鼎，各於太室，迄用享億寧神休，佳帝時寶，萬世其永賴。

《甲午盨》（《積古齋》）：

惟甲午八月丙寅，帝盥清廟，作禮盨，昔躅明神。神鑒馨德，俾帝萬年，永綏受命。

《政和銅鼎》（《宋政和禮器文字考》）：

惟政和丙申五月辛酉，帝宗祀於五室，作銅鼎，永集寶命佳祚。

《政和盨》：

惟政和丁酉十二月甲子，皇帝肇仿禮器，作盨，以祀太一，其萬年永保用。

《宣和尊》（《故宮》四十期）：

惟宣和三年正月辛丑，皇帝考古作山尊，艷于方澤，其萬年永保用。

《帝作簠》（《金索》）：

帝作簠象物，用昭事神。神永又依歸，屯佑命于我邦。

按此見於翟汝文所作簠銘第三篇。

《帝作簠》（《小校經閣》）：

帝作銅簠，各茲明神，□世永享。

《天錫盨》（《小被經閣》）：

帝受元命，天錫帝盨，用綏於神祇，罔弗各，佳萬世無斁。

《欽崇豆》（《小校經閣》）：

帝欽崇元祀，作豆佳旅，其典神天于永。

《嘉禮犧尊》（《古鑒》）：

帝肇禹嘉禮，作犧尊，用薦，神保是享，佳祚于永世。

《嘉禮壺尊》（《小校經閣》）：

帝肇禹嘉禮，作壺尊，用薦，神保是享，佳祚于永世。

以上各器，各家釋文，或言周，或言秦，至孫詒讓著《宋政和禮器文字考》才得以定論。

靖康二年（1127年），徽宗朝追千載成一代新製的隆禮作樂，相關的皇室三代銅器收藏及仿古宋器等，隨著金人的取汴、攜走文物等而落幕。但其以古器物以複三代古意的隆禮作樂，及其以君賜臣仿古銅器的禮制，仍為南宋所繼承，而以高宗最為突出。

南宋高宗（建炎元年──紹興三十二年，即1127～1162年）即位臨安，隨著局勢的

安定，禮樂之事也漸興。但直至紹興元年（1004年）宮廷所面對的仍是「今鹵簿、儀仗、祭器、法物散失殆盡」的局面。紹興四年國子監丞乃有復古制之議，如包括陳設尊罍及祭器等皆從古制，紹興豆便是紹興十六年（1146年）宋高宗朝的復古器。

紹興豆的形制、紋飾風格、銘文內容及書風皆具代表性。

紹興豆器腹飾以淺浮雕的重環紋及鼓出的圓渦紋。銘文在口沿，釋為「惟紹興丙寅三月己丑，帝命作豆，賜師臣檜家廟，以薦菹醢，惟予永世用享」。銘文反映了此豆是高宗命製的祭器，而後賜予秦檜。同時，也反映了南宋仿古祭器在家廟制度中的角色。

總的來看，宋代宮廷仿造的青銅器是非常注重形似，在細部處理上則難免流露草率，另外，宮廷仿製的青銅器還有一個最為突出的特點，這就是器物上鑄有銘文，並有史可查。

宮廷仿造青銅器是宋代統治者崇尚復古的具體體現。然而，上仿製以崇古，下便偽造以圖利。

2.民間銅器的造假活動

這時期已開始在仿造的銅器上作偽，宋代學者趙希鵠在《洞天清錄集‧古鐘鼎彝器辨》上有詳細的記載：「偽古銅器，其法以水銀雜錫末，即磨鏡藥是也。先上在新銅器上令勻，然後以釅醋細碉砂末，筆蘸勻上，候如臘茶面色，急入新汲水滿浸，即成蠟茶色；候如漆色，急入新水浸，即成漆色，浸稍緩即變色矣。若不入水，即成純翠色。三者並以新布擦令光瑩，其銅腥為水銀所匱，並不發露。」這些偽裝的方法，使得偽造銅器與古青銅器在色調上很難區分。不僅如此，這時期也十分注意偽鏽的製作。

透過後來對宋仿銅器的化驗分析，瞭解到宋代仿舊銅器的是用銅綠（碳酸銅）加漆塗於器壁，然後將孔雀石疙瘩嵌於漆上，以充古綠銅鏽。藍鏽是用藍色調漆先抹數處，再用小塊青金石鑲在藍漆之上。紅色偽鏽是將紅土調於漆內，或將生鏽鐵屑調於漆內，或將紅土、鏽鐵屑同調漆內，敷在器壁上以充偽銅鏽。

這時的偽器已見於宋代的青銅器著錄書中。例如《籀史》卷一〇指出：「皇祐三館古器圖首載邢州所上瑞鼎，製作無法，兩旁獸面銜環，三足作異獸負立，怪而不典，不知何從而名三代也。」又如薛尚功《歷代鐘鼎彝器款識法帖》著錄的封比干墓銅盤、王厚之《鐘鼎款識》著錄的師旦鼎也都是偽器。

3.宋代仿古銅器的鑑定要點

第一，紋飾。由於造偽銅器已經商品化，可以仿製力求逼真，盡力摹仿，造成了銅器紋飾的地紋都較模糊。

第二，造型。造偽銅器比古青銅器要厚重。

第三，鏽色。商周青銅器質地清亮，鏽自然而有層次。宋代偽造器由於多數未入土，器物腐蝕程度低，質感較商周銅器要差；偽作的鏽多為茶色或是綠松石色。另外，宋代偽造器目前發現的多為熟坑器。

第四，銘文。宋代仿造的銅器多數帶有銘文，並且鑄文和刻文並存。商周青銅器金文剛勁有力，字行間規整。宋仿造的銅器銘文或字體鬆散、軟，或字行間有的過於密集；或字體纖細，字行間疏朗。

第五，鑄造。宋代仿製的青銅器有一明顯的特徵，即銅器上多數不留範痕，這是由於宋代是用蠟模法來鑄造銅器的。至於商周時期青銅器那種莊重威嚴的藝術效果，更是宋代偽造銅器所不能及的。

綜上所述，北宋仿造的青銅器，不論是宮廷仿古，還是民間偽造，都不能作到惟妙惟肖、盡善盡美。只要把握住其規律，認真分析就不難鑒別。

4.宋代仿造古銅器的社會影響

第一、北宋宮廷為了復古禮而仿製古青銅器，為了仿製古青銅器，而「詔求天下古器」。這樣就掀起了一場搜覓、挖掘古青銅器的熱潮。多年來散落民間，藏於古墓，埋於山澤的古青銅器紛紛出世。漢唐以來籠罩在先秦青銅器上的神秘面紗被扯掉了。在這種政治條件下，許多學者，士大夫紛紛投入到金石學的研究中，「考古釋文日益精賅」。據翟耆年《籀史》記載，當時所著的金石書籍達三十四種之多。其中有代表性的，如劉敞的《先秦古器記》（現已失傳）、李公麟的《古器圖》、呂大臨的《考古圖》、王黼的《宣和博古圖》等，多圖文兼備，考說謹嚴。至此，漢代開始萌芽的金石學發展到了一個高峰。這些著作不僅為後世的青銅器研究開拓了道路，也留傳下許多珍貴的資料。

第二、北宋時期隨著古青銅器的大量發現，出現了一批私人收藏家。劉敞就是其中著名的一個，歐陽修在《集古錄》中記載：「嘉祐中，劉敞為永興守。長安為秦、漢古都，多古物奇器，埋沒於荒基敗墳，往往為耕夫牧豎得之，遂得傳於人間。劉氏喜藏古器，由此所獲頗多。」私人收藏對於古青銅器的流傳和保護起了積極的作用，並為當時和以後青銅器的研究，提供了實物資料。

第三，自從青銅器進入市場之後，不僅給偽造活動提供了樣品，也為造偽者帶來了獲利的機會。從此，以獲利為目的，以欺騙為手段的青銅器贗品流入市場。偽造青銅器的大量問世，也就給青銅器的研究增添了一個新的課題——辨偽。

三、元代銅器及其識別

元起自朔漠，自身在禮制方面的建樹並不大，及其有天下，一切禮儀制度皆襲宋。元人對宋代器物學成就的認識，是在至元十三年南宋內府經籍、圖典、禮器並送京師之後。不過，開始時元人大祭用鼎彝等器，多系宋朝賜功臣家物，這些宋器是為金人所用，再為元延用的。直到至治時期，有元一代才重新鑄造新器替換舊器。

元代官辦的工廠有出臘局，專門從事鑄造，仿作青銅器多為祭器，如鼎、簋、簠、盨、爵等，一般都鑄刻有本朝年款，字用楷體。器形雖說是仿三代，但卻帶有濃厚的時代風格。

此時，私營鑄造銅器也很發達。出名的有杭州姜娘子和平江王吉。姜家多依據古銅器樣式仿造，但花紋較細小，多為方勝、回紋、龜紋。王家作工則較粗，花紋也模糊，與古銅器不太像。

元代窖藏以及新安沉船所見的許多造型仿古、裝飾有變形獸面和雲紋地的銅禮器，就是元代的仿造品。

北京和台北的故宮博物院收藏的傳世品中，也有元代仿造的商周器，而且數量還不少，證明元代對仿造銅禮器的重視。如台北故宮博物院藏元至正二十六年泳澤書院的仿商銅簋、北京故宮博物院藏至大年款的仿西周盨等。

總的說來，元代仿造的銅器比宋代要差，其特徵有四：

第一，因為是用作寺廟內的祭器，所以往往是成組的銅禮器。與商周青銅器相比，有其形無其神，元代粗獷的風格明顯。

第二，形體拙笨，做工粗糙。紅銅質，表面為黑色，砂眼多，無光澤。花紋鑄造草率。

第三，常鑄有本朝年款。銘文始用指體，字體粗放，字間行距過密，加之銅質差，銘文很難看清。

第四，器形、紋飾或多或少都作了更改，加帶有本朝代的風格，如台北故宮博物院的元至正二十六年泳澤書院仿商銅簋腹上所鑄扁長方形扉稜；北京故宮博物院的至大年款仿西周盨圈足上的花紋，大德年間仿西周豆，豆蓋周邊飾環帶紋，蓋頂中心卻飾雙柿蒂紋和連弧紋。

四、明代銅器及其識別

1.明代宮廷製造的銅器

至明建國，承元之舊，孔廟祭禮用器多草率仿製，紋飾、形制與古物迥異。能否完善、恢復禮樂制度，成了王朝穩固與否的關鍵。所以，在「太祖初定天下，他務未遑」之際，便「首開禮、樂二局，廣征耆儒，分營究討」。經禮臣、儒士們三十年不輟寒暑的努力，前後編成了《大明集禮》、《皇朝禮制》、《大明禮制》、《洪武禮法》、《禮制集要》、《禮書》等鴻篇巨制，於匡正重建一代禮制功莫大焉。至於宗廟所用器物的樣式和製作，文獻也多有記載。《明史‧禮志五》云：「（洪武元年）詔制太廟祭器。太祖曰『近世泥古，好用古籩豆之屬，以察其先，生既不用，死而用之，甚無謂也。……其制宗廟器用御服，皆如事生之儀』。於是造銀器，以金塗之。……後又詔器皿以金塗銀者，俱易以金。」點明了當時詔命製造的祭禮器為銀地塗金，後改為純金，造型、紋飾如日常用器的屬性。僅三年過去，情況便有所改變，據《明史‧禮志五》記載，洪武三年，從禮部請「……今擬凡祭器皆用瓷，其式皆仿古籩簋登豆，惟籩以竹」。此詔頒佈，雖開始了宗廟祭禮器物非銅而瓷的歷史，但「式皆仿古籩簋登豆」之命又使得明代的禮祭之制走上了追慕三代舊制的復古老路。不過太祖所倡宗廟用器以瓷替銅之制，到永樂之世便因重新鑄造諸器而走上了瓷、銅並用的道路。

至宣宗朱瞻基御極時，明朝國勢已趨鼎盛。國家統一、承平日久，四夷賓服款塞重譯入朝者三十餘國，一派盛世景象。為再興禮局、重建禮制提供了可能。宣德三年，皇帝以「郊壇、太廟、內廷所在，陳設鼎彝式範鄙陋，殊乖古制」故，詔命禮部與太常寺司禮監一起，會同辦理冶鑄之事，限期鑄成。所鑄器物之「款式巨細，悉仿《宣和博古圖錄》及《考古》諸書」，其中所宗範本出自《宣和博古圖錄》、《考古》諸書者達八十八款，約佔總數的四分之三強。可見宣德所鑄諸器，仿古之器應為大宗。據文獻所記，前後共鑄諸器一萬五千餘件，除庫府藏存部分外，分用於內宮、郊廟及各大王府、兩京官衙、天下釋道宮觀。影響所及，從宮內到宮外、從中央到地方，幾覆蓋整個天下。依文獻之載並較諸實物看，這次鑄器的用工與用心之巨、選料之精、規模之大自中古以來無出其右者，帶來並推動了歷史上又一次復興古禮與仿造青銅器的高潮。

據史書記載，明宣宗宣德年間所仿鑄古鼎彝器，用料為風磨銅，即黃銅，明陳仁錫《潛確居類書》卷九五稱：「風磨、俞後，黃銅似金者。我明皇極殿頂名是風磨銅，更貴於金，一云即俞後也。」黃銅一詞到明代已專指銅鋅合金。此時的仿造器還被點染成硃砂斑色、紫葡萄斑色、棗斑色、桑椹色、蠟茶色、鸚羽綠色、石青斑、石綠斑色、

黑漆古蟹殼青色、鉛古色、水銀古色、青色、朱紅斑色、海棠紅色、瓷泑色，並用熔化的白蠟烘漬其身，再以布帛揩拭，即觀之，形狀、花紋、色澤，終不與古彝器相類。

2.明代藩王製造的銅器

除朝廷外，明代藩王也仿鑄古銅器。當時雖然有申禁銅器的詔令，但諸藩皆違禁銅詔而「鑄造私錢，吏不敢詰」。如潞王朱常淓「習文翰，嗜古玩」，他動用大量的銅來仿鑄三代彝器，不惟吏不敢詰，朝廷也是聽之任之。因此潞國諸仿古彝器的銘文序數能以十計。

北京故宮博物院藏潞國鼎就是其代表作，鼎為圓形，雙立耳，短頸，鼓腹，四扁形獸足。器身遍飾花紋，以回紋、勾連紋為地，口沿下為一周對蟬紋，器腹主體紋飾為四組獸面紋，四足紋飾與造形相結合，形如上攀的虎。所有銘文鑄於器底，篆體、陰鑄、字口填漆，「敬一主人」四字為方款，邊款環以「大明崇禎×年潞國製×器」字樣。

作為仿古彝器，這件潞國銅鼎融三代禮器的造形、紋飾於一體，把方鼎的四足移植到圓鼎上，同時採用扁平外撇的獸體，替代圓而直立的柱足或蹄足，從而打破了傳統的圓鼎三足而立的形式，完成了造型上對方鼎和圓鼎的雙重摹仿。

紋飾的仿鑄，採用商周時期普遍流行對蟬紋和饕餮紋，佈局上也不改三代以饕餮紋為主體，以蟬紋帶為附屬的古風。

由於「常淓工書畫，好古玩，通典釋」，決定了專門為其仿製的古彝器基本要做到驥而有圖或有器可稽。具體到這幾件鼎上，造型方面不惟取材方鼎的因素，更使之融於圓鼎之中。銘文刻鑄，既吸取早商以來銅禮器均標出部族徽號的格式，又將銘文體例減縮為「大明崇禎×年潞國製×器」，紋飾方面採用饕餮紋和對蟬紋。潞王朱常淓自號潞佛子，對佛教的信仰和祭祀禮器所需，正是潞王嗜好古玩以外，仿鑄三代禮器的又一原因。

3.明代民間製造的銅器

明代的銅器偽作情況如高濂《論新鑄偽造》（《遵生八箋》）所云：「近日山東、陝西、河南、金陵等處偽造鼎、彝、壺、觚、尊、瓶之類，式皆法古，分寸不遺，而花紋、款識悉從古器上翻砂，亦不甚差，但以古器形，則迥然別矣。雖云摩養取滑而入手自粗，雖裝點美觀而氣質自惡。」此時，民間仿作青銅器的作坊以江南為多。著名工匠製作的器物都有款識。如：甘文堂，明代萬曆、天啟年間鑄銅名匠。金陵（今江蘇南京）人，一作蘇州人。因是回族，又稱甘回子。善鑄銅器，凡撥蠟範砂，有極深造詣。所用銅料特佳，敷色喜用棗紅，而稍淡。所鑄銅器稱南鑄，為南鑄派代表。石叟，明代晚期鑄銅名匠，僧人。擅製嵌銀絲銅器，簡潔流暢，工整緻密，精雅絕倫。款刻「石

「叟」二字，多在器底。字體兼有篆隸，質樸不俗。王鳳江，嘉興人，擅製銅器，器形上舒下削，底有四足，喜遍身鏤花卉，十分精絕，底有「鳳江」篆字款，頗似漢印。胡文明，明代鑄銅工藝名匠。雲間（舊江蘇松江府的別稱，今屬上海市）人。擅長鑄造銅器，常按古式製造彝、鼎、尊、卣之類，時稱「胡銅」。故宮博物院藏有胡文明鑄的銅鎏金異獸紋簋，式樣高古，製作精緻。學道，明嘉靖時人，鑄銅器，北鑄派代表。劉貞甫，明末清初安徽碭山人，擅造銅器。

4.明代仿造銅器的鑒定要點

明代的仿造銅器數量多、種類繁，傳世品常見，其特點有五：

第一，銅質。仿造銅器的銅質精細，比宋元兩朝都好，器表面呈銀白色。

第二，器形。與古彝器相比，已有很大變化，如銅爵無前流後尾之分，而連通為元寶形，三足也沒有了商周器的挺拔之勢，變得軟弱無力。

第三，紋飾。與元代一樣，在摹仿古彝器風格的同時，增添了一些晚期的紋飾。如正德十六年仿周簋蓋頂上裝飾了一周西周時期從未出現的荷葉紋。並出現了許多有鎏銀飾紋的仿古銅器。

第四，銘文。此時均為楷書。除仿作古文外，多有紀年和作器者、作器機構名。

第五，明皇室所仿銅器，雖多以宋代著錄圖像為藍本，但形式、花紋、色澤太過精巧，不類真器古樸。

五、清代製造的銅器

1.清朝復興禮制和仿造古彝器的歷史背景

清定鼎中原之初，全盤接受了前明所留的一切舊制。康熙的第三子胤祉雖有考訂禮制之舉，惜不得朝廷力助而於祭禮器制影響不大。至雍正即位，國家已告一統，對最高統治者來說武力鎮壓已成為過時的手法，如何在廣大被統治者，尤其是漢民族群眾心目中確立清王朝的正統與合法變得重要起來。在大興文字獄、消除或消滅一切不利於清朝統治因素的同時，大力提倡考研經典，把天下文人學士都引入考據學的圈子內，終日以考釋經典、復建古禮樂制為任，皇皇之《十三經注疏》就成書於斯時、斯勢之下。政府則命禮臣「考按經典，範銅為器，頒之闕里，俾為世守」，作為皇朝治國方法之一部分。乾隆繼位，承其父之舊，於禮祭制度、禮祭器建設上也頗多功績。畢政府之力，搜集三代古禮祭器於中央，敕命編纂《西清古鑒》，《西清續鑒》甲、乙編，《寧壽鑒古》等書，圖、錄三代器物以傳後世。乾隆皇帝還以壇廟祭品，遵用古名，則祭器

亦應悉用古制，以備隆儀，「詔命大學士會同該部（指禮部），稽核經圖，審其名物度數、製作款式，折衷至當，詳議繪圖以聞」，而親為審裁。所鑄諸器，「鋼則範銅而飾以金。……太廟，春用犧尊，夏象尊，秋著尊，冬壺尊，歲暮，六裕用山尊，均範銅為之」。詔命於內務增設造辦處，專司鑄造事宜。把清代的復興禮制與仿造古彝器的浪潮推向巔峰。

2.清代銅器的仿古活動

清代，金石學的新發展，促使作偽又興盛起來了，此時主要也是依據宋代青銅器圖錄作偽。據容庚先生辨識，著錄皇室藏器的《西清古鑑》、《寧壽鑑古》、《西清續鑑甲編》、《西清續鑑乙編》四書中，共收錄有銘文的青銅器一千一百七十六件（銅鏡不包括在內），其中偽器三一七件，可疑者一七三件，共計四九〇件，佔總數的百分之四十一強。這些偽器多數是宋元明三代遺留的，但也不能排除有當時從民間收上來的仿造品。

乾隆年間，宮廷內設立的內務府造辦處，有專人負責仿造銅器。此時仿造的銅器有：圓鼎、方鼎、分襠鼎、扁足鼎、瓿、豆、簋、簠、盥、觚、罍、尊、犧尊、壺、熏爐等。選介如下：

圓鼎，高27.8公分，寬21.3公分。仿商代獸面紋鼎，通體為金黃色，兩耳較高，耳外側呈弧面。腹部所飾獸面紋與商代相比，已有很大變化，構圖散、軟。

方鼎，高14.7公分，寬13公分，重1.7千克。其造型與周代方鼎基本近似，但稜角分明，扉稜笨拙，四足上有高凸的粗箍，耳方正，不似周代特徵。鼎內尚存黃紙條，寫有「造辦處」等字樣，證明是內務府造辦處製作的。

仿古鳳鳥尊，它是古犧尊演變而來的，鳳鳥身下置車輪，可以推動。尊體還施以花鎏金，盡顯華美。是內務府造辦處的一件作品。鑄有「乾隆年製」款。

仿漢博山爐，高23公分，寬13.5公分，承盤口徑23公分，重3.18千克。此爐是技術高超的工匠以整器翻模製成的，造型逼真，幾與真器無異。但爐呈黃銅色，體重壓手。同時底內柱端篆刻「乾隆年製」款識，具體指明是乾隆年間仿造的。

3.清代銅器的鑑定要點

第一，造型。多有古器摹本作依據，形態與原器相近。形制呆板，器物稜角分明，給人以苗實的感覺，比古彝器厚重很多。

第二，鑄造。多採用分鑄法，各部分分別鑄出焊接組裝。無鑄痕。

第三，銅質。細膩，器體表面呈金黃色，一般不作舊。

第四，紋飾。仿古紋飾變形，如獸面紋多呈蝴蝶狀，夔紋則為魚形。並常將

「福」、「壽」等明清吉祥紋飾，混加到仿商周器的紋樣中。

第五，追求裝飾華美，常在器表面鎏銀飾金，太過繁縟。

第六，乾隆時，清宮造辦處所仿古器，均篆刻有「乾隆年製」款識。

第七，清宮舊藏器皆上蠟為熟坑器，但造辦處仿造的銅器則都不上蠟。

六、民國時期造古銅器贗品的辨識

1.青銅器的作偽概況

民國時期作偽之風更熾，近代科學技術的傳入，商人運用新技術、新材料作偽，使作偽水準有了很大提高，這時的北京、蘇州、濰縣、西安是作偽的中心。

20世紀30年代以前，北京雖然有修補銅器的手工作坊，但很少有修補鏽蝕嚴重的青銅器的機會。等到北京古董商進駐河南安陽，他們在當地大批收購青銅器，再帶到北京銷售。挖出的青銅器完整的不多，破碎的卻不少。古董商低價買走破碎青銅器，回到北京後想辦法請人修補。這就極大帶動了北京銅器修復業的發展，修復業人數明顯增多。

北京成為近代民間仿古作偽的重要基地的另一重要因素，就是為了迎合外國商人的需求。民國時期，外國人紛紛來華，他們對中國古代的青銅器有著特殊的「愛好」，大肆收買，以至中國人稱洋人收買古銅器的生意為「洋莊生意」。青銅器價格昂貴，在古玩肆興盛起來的同時，仿古作偽之風也達到高潮。由於古青銅器出土的新造型、新花紋越來越多，仿製多有所本。加之，此時技術設備也較過去先進，古銅名匠的作偽手法也日趨精湛，仿造可根據客人的喜好，製作得相當逼真。如外國人對古銅器顏色就有著不同的愛好。古青銅器由於合金成分含量有差別，加上埋藏銅器的地質環境不同，因此器物表面呈現的鏽蝕顏色也就不一樣。古玩商人在長期的經營中摸索出了洋人喜歡的顏色，有時得到某一件銅器，造型、紋式都不錯，為了賣高價，也讓人把表面加工成外國人喜歡的顏色（一般外國人喜歡黑漆古、綠漆古）。就是這種洋莊生意的存在，改變了青銅器修復的傳統工藝手段，開始採用化學方法給洋莊銅器作偽。當時採取的方法主要是用酸，即烏梅、山楂、米醋等浸泡，雖然銅器外觀上看起來好像漂亮了，但色調不自然。

近代蘇州仿古作偽的歷史要早於北京。晚清至民國期間，蘇州仿古銅名匠有周梅谷和劉俊卿等，周梅谷常仿熟坑器（傳世品），製作很精。而劉俊卿則擅長仿造生坑器（新出土器）。周、劉作的偽器流到國外者不計其數，國內商人上當受騙的也大有人在。如上海人吳啟周與美籍華人盧芹齋合辦了一家美國最大的古玩鋪——吳盧公司，因

吳本人年事已高，便交由其外甥葉叔重做掌櫃。葉叔重經常從美國回上海，又來北京購買古玩，同時在蘇州與銅匠劉俊卿合辦了一家仿造銅器的作坊。1937年前後吳回國時，就曾在滬以銀元十二萬的價格，購買了三四件殷墟銅器。後來葉叔重發現吳買的這幾件銅器，就是自己與劉俊卿合辦作坊造的偽器。吳啟周自此心灰意冷，不再經營古玩生意。再如周梅谷偽作的一件仿商虎食人卣，經過了十餘年，1949年後竟被認為是新發現的一件珍貴文物，被收藏於廣東省博物館。此器雖然後來確認為贗品，由此也可以說明作偽的水準。

近代濰縣仿古作偽的歷史也很長。清代已有相當多的銅匠，最著名的有以鏨刻花紋見長的范壽軒和擅刻銅器銘文的王藎臣、王海父子。如：故宮博物院藏的西周初期銅鼎殘片，上刻有五十一字。銘文內容是仿西周晚期的克鼎。據說它是王海為尊古齋黃伯川所做。由於西周早期銅鼎殘片，仿刻了西周晚期克鼎的銘文，這是它致命的破綻。至於銘文內容、字體佈局結構的差異，若不是眼力好的古銅專家，則很難看出問題。故宮博物院藏民國仿周代方盂，則是濰縣仿造的代表器。故宮博物院還藏有兩件陳侯鼎（春秋前期之物），一真一假。兩器造型大貌相近，惟兩耳、三足有別，花紋亦不符。偽器銘文是仿原件銘文鏨刻的。此偽銘文製做的水準較高，字體與真銘極相似，連斷筆處也仿刻出來了。但作偽者忽略了字的接筆處，如銘第一、二行首字和第二、三行倒數第二字。真銘中這幾處字與字相連接是長期氧化產生銹斑所致，而作偽者不知其故，誤作文筆，作偽銘時也將其刻出，同時字體也死板。與真器銘文仔細比較，便不難發現破綻。陳侯鼎原為山東陳介祺先生簠齋所珍藏，因此偽陳侯鼎很可能也是當地工匠仿製的。

陝西西安的仿古作偽，其突出特點是在真器上刻偽銘。刊刻於清咸豐二年（1852年）的《長安獲古編》卷二記：西安知縣劉喜海甚好古銅，對有銘文的古銅加價收買，而無銘文之器卻一件不收。因此，西安一帶的古董商設法在無銘文的真器上鏨刻偽字，以投劉氏所好。從此，在真器上刻偽銘之風便在西安興盛起來。「鳳眼張」（張二銘）和蘇億年、蘇兆年兄弟，都是當時鏨字作偽的巧匠。

《三代吉金文存》卷三所著錄的番仲吳生鼎，容庚先生說是「鳳眼張偽刻」。此鼎是西周器，銘文卻是春秋時期的特徵。另外，這一地區還仿造了許多度量衡器。

2.民國時期銅器的識別

民國的造假銅器，主要表現有如下特徵：

第一，整器仿造並作偽。

一般有兩種情況：一是它的器形和銘文均有所本，儘管摹仿得並不十分準確，但均

有一定水準。例如上海博物館所藏西周晚期師兌簋，是按原器翻鑄，尺寸與原來相似，但比原器重二六〇克。仿製偽器重於原器，這是一個普遍的現象。另一種情況，整器偽作的器形或銘文有所本，部分故意增添。如器形有所本，但是卻鑄在毫不相干的器上。民國時期的北京王德山以人面盉的形式為模本，鑄偽人面盉，但在盉內加刻六字銘文，因為人面盉真器無銘文，鑄此偽器當然是奇貨可居了。王德山另外還仿製有「□父乙」鼎，其花紋、銘文都是刻的，非常逼真，鏽是用醋、石灰、鹽水調和顏色整體浸泡，然後埋入一公尺深的地下，過三、四年後挖出，便有一層鏽。這種鏽底子發烏，不亮。據王德山講他仿造的不是一件鼎，而是一批鼎，其中大部分賣到了國外。

整器作偽，每個地區都有不同特點，掌握其規律，也是青銅器鑒別的基礎。

山東濰縣作坊偽造的青銅器，大多是仿造陳介琪（簠齋）所藏的著名重器，使用蠟胎為模，翻鑄銅器，埋之地下，加上鹽酸浸泡，使銅器表面自然生成綠鏽，然後上蠟成為熟坑器。但是濰縣偽器器壁厚，器體普遍過重。另外，用酸浸泡土掩的方法造成的銅鏽，鏽層浮薄。

蘇州是當時偽造青銅器的又一大本營，周梅谷作坊用失蠟法偽造青銅器，技巧精湛，大大超過了濰縣的水準。其偽品大多是冒牌殷墟出土的精麗風格的器物。由於作偽技術比效全面，且能投其所好，曾使許多收藏家受騙上當。但蘇州偽器也有它本身的弱點，首先偽鑄的青銅器一方面沒有像真器那樣經過長期的氧化或腐蝕，顯得較重；另一方面，作偽者往往未見原物，蠟胎的成形也未能如原器壁之薄。其次，商周青銅器為塊範拼合，為控制器的均勻，工匠採用厚薄相似的小塊銅墊墊在內外範之間。範內的墊片在澆銅液時不可能完全融合在一起，細心觀察，就能夠發現，整器作偽者，不懂得青銅器鑄造方法，因此完全沒有墊片。

北京的偽器作坊發展了用漆料調合色彩或用浸蝕法在偽鑄的青銅器上做底色和銅鏽，幾乎達到了以惟妙惟肖的程度。但用漆作鏽鬆軟，用指甲可以剝落。而浸蝕法造的銅鏽，鏽色單一，器表發烏，無光澤。

第二，改造古器作成新器。

由於外國人重視藝術價值，喜好新奇的器形和紋飾，致使偽作新奇器形興盛起來。例如北京故宮博物院收藏的一件商代父已觶，器身是真器，但作偽者在其口部加了一個流，並在腹上加上一個鋬，成為一件古代不存在的帶流帶鋬的觶；另一件春秋鼎蓋，蓋真，但作偽者在其口部偽加兩個耳，改造成盤。

第三，拼湊古器殘件作成新器。

由於真器上缺失了一部分或幾部分，作偽者就另取其他器的殘片修配完整，當時稱

之為「插幫車」。拼湊器因為各部分殘件出土地點不同，有的甚至時代也不一樣，所以器表的顏色和鏽的形態都不盡相同。例如北京故宮博物院收藏的一件商代鴞卣，器身與提樑的紋飾風格完全不同。仔細看，樑環有焊接痕跡，表明提樑與器身原不屬一器。此卣之提樑乃是商代壺形卣之樑截接而成，鴞卣無此形狀提樑。

第四，古器上重新刻花。

即在素面或花紋少的古器物上偽刻花紋。例如北京故宮博物院收藏的一件商代銅罍，原為素面，作偽者在其身上刻獸面紋、夔紋、蕉葉紋，就連肩部的六個浮雕圓渦紋也是後焊貼上去的。另一件戰國敦，蓋和器的獸紋均是鏨刻而成的，紋細，紋筆均勻，是偽花中的佳作。一件戰國銅盤，盤內原有三魚紋，作偽者覺得空蕩，又加刻了三條魚。一件戰國幾何紋壺，古玩商在花紋中偽嵌金銀絲片。

以上偽花的鏨刻雖然相當精湛，但紋理無鏽，且有崩痕，卻是不易彌補的缺陷。至於花紋中後嵌金銀絲片，也難達到戰國時所嵌那般嚴絲合縫。

第五，古器上新刻銘文。

古器上偽作的銘文，一般是用刀具鏨刻而成，但也有用化學藥品腐蝕而成的。偽銘內容或仿某一真器銘文，或拼湊，或隨意杜撰。例如前已介紹過的故宮博物院藏克鼎殘片。

又如故宮博物院所藏春秋父丁盤，高10.7公分，寬40.6公分。原無銘文，作偽者在盤內底鋸下一塊，在其鏽上硬刻銘文。這樣鏨刻的銘文雖避免了刀痕，但字口無鏽，銘文中的「寶」字還刻在了墊片上。故宮博物院採用X光透視法對此盤進行檢測，其作偽破綻便完全暴露出來了。

再如故宮博物院藏的一件春秋時期的蟠螭紋鈕鐘，正面鉦間和左右鼓上銘文是摹照西周王孫遺者鐘偽刻的。經核對，作偽者並沒有完全照刻，只是節取了王孫遺者鐘銘文的前後兩部分，偽刻得頗精，是內行人所為。但字口無真鏽，偽字周圍顏色深於其他地方，這是用酸腐蝕出現的痕跡。

無獨有偶，廣東省博物館亦藏有一件春秋時期的楚王孫鐘。鐘正面鉦間和左右鼓上銘文字體周圍的顏色也深於他處，字口也無真鏽，看來也是用酸腐蝕過的。這兩件鐘的作偽方法如出一轍，所不同的是，廣東省的楚王孫鐘偽銘多十七字，同時隧部的獸面紋和甬上的竊曲紋都是用錫堆出來的，表面色澤灰白。

古器上偽刻銘文常見的破綻有三：一是偽銘與真器的時代矛盾。由於作偽者無知，有時在早期的青銅器上，偽刻時代較晚內容的銘文。二是偽刻銘文的位置不合規律。三是杜撰或拼湊的偽銘內容不合文理。

七、現代古玩市場所見銅器的真假識別

1.北京古玩市場現狀

　　20世紀90年代以後，隨著古玩生意的興隆，專門經營古玩的市場也漸漸興起。特別是從國外引進的文物拍賣業的規範與發展，更使古物收藏升溫。人們看到了文物的巨大價值，為了追逐高利，紛紛到古玩市場「淘金」。據統計，僅北京從事文物收藏和買賣的人數已達數十萬之多。北京的古玩市場主要有：城北的古玩城亞運村市場；城東北的亮馬河市場；城中部的海王村、榮興藝廊、報國寺、荷花市場；城南的古玩城、潘家園市場。這其中經營青銅器最多、最集中的古玩市場則是潘家園。潘家園市場位於城南勁松附近，每逢星期天開市，都是人頭攢動，經常是一二十萬人在選購這些特殊商品。

　　這裡的青銅器，從時代上講，有商、周、秦、漢的造型；從種類上講，兵器、禮器、樂器、日用雜器和生產工具門類俱全；就具體器物來說，常見的有鼎、鬲、甗、簋、豆、甌、卣、觶、觚、罍、瓿、尊、彝、盉、爵、斝、觥、角、壺、盤、匜、鐘、銅鏡、錢幣、帶鉤、樽、博山爐、燈、璽印等。經營者大多知道一些自己所售商品的歷史典故，接待顧客時，總是口若懸河。

2.銅器的現代作假與辨偽

　　新鑄仿古青銅器有兩種情況，一種是企業生產的仿古工藝品，作藝術品銷售，被商販取以冒充。這類器力求仿真，紋飾風格保持不變。另一種是以獲取暴利為目的的贗品，所鑄銅器都取用商周時期名器的圖仿製，形制紋飾方面往往加以更改，出奇離譜，也為我們帶來了辨偽的蛛絲馬跡。

　　現代偽器多照圖仿製，採用塑雕的方法作模。仿鑄好器後，再對其進行著色，也稱作舊。在著色前，有經驗的作假者要對圖中的原青銅器作仔細的觀察和分析。由於這些青銅器曾埋在土中，而且埋的深淺也不一樣，因此，受地下水的侵蝕不盡相同，其表面顏色也不一樣。器物底層顏色較深，是黑色的氧化銅。中層和上層的器物一般都是綠色夾有藍色的鹼式碳酸銅和鹼式氯化銅，根據這種情況，作偽者首先找出每件需要著色器物原來表面最底層的顏色，先做出這一層，然後再根據器物的顏色，一層層往上作，最後做到與原來顏色差不多為止。著色方法，一般採用塗抹、噴彈、點描等作舊技術。用的材料主要是礦物顏料和氧化粉。有的為了逼真地反映文物的原貌，作假者還將舊銅器脫落下來的鏽料用黏合劑在修復的部位黏蓋上，使人更不易辨別。

　　目前新銅器作偽屬自發探索，技法各不相同，曾見有一件仿戰國錯金銀紋銅壺，造

型、紋飾基本上與真器相像。戰國銅壺真器輕薄，錯金銀圖案生動，所嵌金銀絲、金銀片嚴絲合縫，光亮柔和。而該器紋飾粗糙，錯金銀紋處凹凸不平，並有錯痕，壺身有翻鑄砂眼，器體厚重。更離奇的是其將商代的族名金文刻於壺底。現在市場上已見仿三代青銅器的所有類別，作偽手段也登峰造極，有的故意在邊緣處鑄成部分殘缺。一種殘缺邊光滑，未加修飾，顯見是澆鑄時銅液不到位，器與缺是一氣呵成的；另一種較高明，是鑄成後在無傷大雅的邊緣部製殘，表面再作偽鏽，造成久埋地下嚴重鏽蝕的錯覺，這類仿器紋飾部位很少有重鏽，甚至出現花紋處與邊緣鏽跡不協調的感覺，即紋飾新豔，邊緣部嚴重腐蝕。

最常見的作偽鏽斑有紅綠鏽及分層鏽在一器上並存，不論鏽蝕輕重，除緣部外都高出器的表面，很少見到向內層腐蝕的現象。天然鏽坑常形態自然，深淺不一，鏽常呈粉狀或斑塊，使光線散射。偽鏽以膠為媒體，在凝固時因表面張力作用形成光面，則成亮光。

偽品總有假的蹤跡，紋飾與形制離譜，銅器特徵與年代顛倒，諸如此類，是少數分散的低級偽作，雖有氣候，易被識破。

高技術仿真最能使收藏者上當、蒙受損失。那些製造者，憑他們的設備和技術，仿古製器，所造的青銅器形制大小、紋飾特徵與真器相同，作舊採用傳統工藝，讓收藏者動心，但其表面繡色處理技術終達不到三代銅器那種古色古香、自然厚硬的特點。往往在隆起易摩擦處見到露骨黃色銅胎，這是因為漆層極薄，是用現代化學漆噴烤而成。現在還有將新造偽器表面採用柔軟織物擦拭的方法，做成傳世黑漆古、綠漆古效果的。

附錄三　參考文獻

一、圖錄（拓本、摹本、圖版）

（宋）呂大臨：《考古圖》，元祐七年（1092年）成書。

（宋）王黼等奉敕：《博古圖錄》，宣和（1119-1125年）間成書。

（宋）薛尚功：《歷代鐘鼎彝器款識法帖》，紹興十四年（1144年）成書。

（宋）王俅編：《嘯堂集古錄》，1922年商務印書館石印淳熙本。

（清）梁詩正等人奉敕著：《西清古鑒》，系乾隆十四年（1749年）摹繪、考定皇室所藏銅器而成。

（清）王杰等奉敕著：《西清續鑒甲編》，乾隆五十八年（1781年）成書；宣統二年（1910年）涵芬樓依寧壽宮寫本影印。

（清）王杰等奉敕編：《西清續鑒乙編》，乾隆五十八年（1781年）成書；宣統二年（1910年）涵芬樓依寧壽宮寫本影印。

（清）乾隆敕編：《寧壽鑒古》，1913年涵芬樓依寧壽宮寫本影印。

（清）曹載奎：《懷米山房吉金圖》，道光十九年（1839年）自刻拓本；1922年影印石本。

（清）吳雲：《兩罍軒彝器圖釋》有同治十一年（1872年）自刻本、文瑞樓石刻本。

（清）吳大澂（清卿）著：《愙齋集古錄》，1918年涵芬樓影印本。

（清）吳大澂：《恒軒所見所藏吉金錄》，有光緒十一年（1885年）自刻本、西泠印社重刻本。

（清）吳式芬：《攈古錄金文》，光緒二十一年（1895年）吳氏家刻本，1913年西泠印社翻刻本。

（清）劉心源：《奇觚室吉金文述》，光緒二十八（1902年）年石印本。

（清）劉喜海：《長安獲古編》，有光緒三十一年（1905年）劉鶚補刻標題本。

（清）徐同柏：《從古堂款識學》，光緒三十二年（1906年）石印本。

（清）端方：《陶齋吉金錄》，光緒三十四年（1908年）石印本。

（清）鄒安：《周金文存》，1916年出版。

（清）羅振玉：《夢郼草堂吉金圖》，1917年影印本。

（清）孫詒讓：《古籀拾遺》，1918年在石印本。

周慶雲藏器，鄒壽祺：《夢坡室獲古叢編》，1927年影印本。

容庚：《寶蘊樓彝器圖錄》，1929年影印本。

關百益：《新鄭古器圖錄》，1929年影印本。

陳承裘藏器，孫壯著：《澂秋館吉金圖》，1931年石印本。

容庚編：《秦漢金文錄》，1931年刊印。

于省吾（思泊）：《雙劍誃吉金圖錄》，1934年影印本。

孫海波：《濬縣彝器》，河南通志文物志單行影印本。

容庚：《頌齋吉金圖錄》，1933年影印本。

容庚：《武英殿彝器圖錄》，1934年哈佛燕京學社影印本。

羅振玉編：《貞松堂吉金圖》，1935年影印本。

容庚：《海外吉金圖錄》，1935年影印本。

商承祚：《十二家吉金圖錄》，1935年哈佛燕京學社影印本。

劉體智編：《小校經閣金石文字》，1935年石印本。

王辰編：《續殷文存》，考古學社專集第五，1935年。

黃濬編：《鄴中片羽初集》，1935年影印本。

黃濬編：《尊古齋所見吉金圖初集》，1936年珂羅版印刷，尊古齋發行。

容庚：《善齋彝器圖錄》，1936年哈佛燕京學社影印本。

羅振玉編：《三代吉金文存》，1937年影印本。

孫海波編：《新鄭彝器》，1937年影印本。

黃濬編：《鄴中片羽二集》，1937年影印本。

容庚：《西清彝器拾遺》，1940年考古學社影印本。

梁上椿：《岩窟吉金圖錄》，1944年影印本。

陳夢家編：《海外中國銅器圖錄》，國立北平圖書館，1946年。

于省吾編：《商周金文錄遺》，科學出版社，1957年。

上海博物館編：《盂鼎克鼎》，上海博物館出版，1959年。

陝西省博物館、陝西省文物管理委員會編：《青銅器圖釋》，文物出版社出版，1960年。

河南出土商周青銅器編輯組編：《河南出土商周青銅器》，文物出版社，1981年。

中國科學院考古研究所：《美帝國主義劫掠的我國殷周銅器集錄》，科學出版社出版，1962年。

陝西省博物館、陝西省文物管理委員會編：《扶風齊家村青銅器群》，文物出版社出版，1963年。

上海博物館編：《上海博物館藏青銅器》，上海人民美術出版社出版，1964年。

文物出版社編輯：《中國古青銅器選》，文物出版社出版，1976年。

南京博物院編：《南京博物院藏青銅器》，文物出版社出版，1977年。

中國歷史博物館編：《中國歷史博物館青銅器》，文物出版社，1977年。

陝西省考古研究所、陝西省文物管理委員會、陝西省博物館編：《陝西出土商周青銅器》，1979年起陸續由文物出版社出版。

河北省博物館編：《隨縣曾侯乙墓》，文物出版社，1980年。

雲南省博物館編：《雲南青銅器》，文物出版社，1981年。

嚴一萍編：《金文總集》，台灣藝文印書館，1983年。

羅振玉：《三代吉金文存》，1937年影印；中華書局，1983年10月用羅氏印本影印，末附孫稚雛《三代吉金文存辨證》。

上海博物館青銅器研究組：《商周青銅器紋飾》，文物出版社，1984年。

四川大學歷史研究所編：《殷周金文集錄》，四川人民出版社，1984年。

中國社會科學院考古研究所編：《殷周金文集成》，中華書局，1984年。

中國社會科學院考古研究所：《殷墟青銅器》，文物出版社，1985年。

北京圖書館金石組編：《北京圖書館藏青銅器銘文拓本選編》，文物出版社，1985年。

陳芳妹編：《商周青銅粢盛器特展圖錄》，台北故宮博物院，1985年。

孫稚雛：《青銅器論文索引》，中華書局，1986年。

田于金：《鄂爾多斯式青銅器》，文物出版社，1986年。

陳芳妹編：《商周青銅酒器特展圖錄》，台北故宮博物院，1989年。

鄭隆編繪：《中國古代北方民族青銅器紋飾藝術集》，內蒙古人民出版社，1991年。

李學勤主編：《中國美術全集‧工藝美術編‧青銅器》，上海人民美術出版社，1992年。

唐复年輯：《西周青銅器銘文分代史征器影集》，中華書局，1993年。

四川省博物館編：《巴蜀青銅器》，成都出版社，1993年。

張臨生、楊新編：《國寶薈萃》，台北商務印書館，1993年。

中國青銅器全集編輯委員會：《中國青銅器全集》，文物出版社，1993年。

李西興主編：《陝西青銅器》，陝西人民美術出版社，1994年。

張希舜主編：《山西文物館藏珍品‧青銅器》，山西人民出版社，1994年。

周泗陽編繪：《中國青銅器圖案集》，上海書店出版社，1994年。

楊伯達主編：《故宮文物大典》，福建人民出版社，1994年。

河南省文物考古研究所編：《河南商周青銅器紋飾與藝術》，河南美術出版社，1995年。

玉溪地區行政公署編：《雲南李家山青銅器》，雲南人民出版社，1995年。

李學勤、〔美〕艾蘭(Sarah Allan)：《歐洲所藏中國青銅器遺珠》，文物出版社，1995年。

周何師等：《青銅器銘文檢索》，台北文史哲出版社，1995年。

王維忠主編：《中國歷代器物造型紋飾圖典》，遼寧美術出版社，1996年。

徐湖平主編：《中國歷代青銅器精品100件賞析》，山東科學技術出版社，1996年。

北京圖書館編：《北京圖書館藏青銅器全形拓片集》，北京圖書館出版社，1997年。

馬承源主編：《中國文物精華大辭典》青銅卷，上海辭書出版社，1997年。

江西省博物館、江西省文物考古研究所、新干縣博物館編：《新幹商代大墓》，文物出版社，1997年。

洛陽文物工作隊編寫：《洛陽北窰西周墓》，文物出版社，1999年。

四川省文物考古研究所：《三星堆祭祀坑》，文物出版社，1999年。

四川省博物館編：《巴蜀青銅器》，成都出版社，1999年。

故宮博物院編：《故宮青銅器》，紫禁城出版社，1999年。

中國社會科學院考古研究所：《偃師二里頭——1959～1978年考古發掘報告》，中國大百科全書出版社，1999年。

姜濤：《三門峽虢國墓地》，科學出版社，2000年。

北京大學考古系商周組、山西省考古研究所：《天馬曲村》，科學出版社，2000年。

李建偉：《中國青銅器圖錄》，中國商業出版社，2000年。

吳鎮烽主編：《中國古青銅器》，湖北美術出版社，2001年。

萬全文：《文明之光：楚國的青銅器》，湖北教育出版社，2001年。

王曉謀主編：《青銅器與金銀器》，文物出版社，2001年。

河南博物院編：《新鄭鄭公大墓青銅器》，大象出版社，2001年。

陳振裕主編：《中國古代青銅器造型紋飾》，湖北美術出版社，2001年。

梅寧華主編：《北京文物精粹大系》青銅器卷，北京出版社，2002年。

李朝遠、周亞、馬今洪：《中國青銅器展覽圖錄》，五洲傳播出版社，2004年。

鄭春興主編：《中國青銅器寶典》，內蒙古人民出版社，2005年。

王志浩主編：《鄂爾多斯青銅器》，文物出版社，2006年。

韓建武主編：《神秘瑰麗的青銅器》，陝西人民出版社，2006年。

冀東山主編：《神韻與輝煌：陝西歷史博物館國寶鑒賞》，三秦出版社，2006年。

趙叢蒼主編：《城洋青銅器》，中國書店，2006年。

曹瑋主編：《周原出土青銅器》，巴蜀書社，2006年。

楊作龍 、郭引強主編：《洛陽出土青銅器》，紫禁城出版社，2006年。

曹瑋主編：《漢中出土商代青銅器》，巴蜀書社，2006年。

二、論著

方濬益：《綴遺齋彝器考釋》，手寫影印本，1935年。

劉節：《楚器圖釋》，國立北平圖書館，1935年。

(日)梅原末治：《中國青銅器時代考》，商務印書館，1936年。

容庚：《商周彝器通考》，哈佛燕京學社鉛印本，1941年。

郭沫若：《殷周青銅器銘文研究》，1931年石印手稿本；人民出版社，1954年。

郭沫若：《金文叢考》，1932年影印手稿本；人民出版社，1952年。

郭沫若：《兩周金文辭大系圖錄考釋》，1932年影印本；科學出版社，1957年。

郭沫若：《青銅時代》，新文藝出版社，1952年。

郭沫若：《金文叢考》，人民出版社，1954年。

安徽省文物管理委員會、安徽省博物館：《壽縣蔡侯墓出土遺物》，科學出版社，1956年。

包利斯科夫斯基.П.И.：《石器時代、青銅器時代、鐵器時代》，三聯書店，1957年。

容庚、張維持：《殷周青銅器通論》，科學出版社，1958年。

楊樹達：《積微居金文說》，科學出版社，1959年。

中國科學院考古研究所：《上村嶺虢國墓地》，科學出版社， 1959年。

郭寶鈞：《山彪鎮與琉璃閣》，科學出版社，1959年。

容庚：《金文編》，1925年印行初版；科學出版社，1959年。

郭寶鈞：《中國青銅器時代》，三聯書店，1963年。

李濟、萬家保：《殷墟出土青銅觚形器之研究》，台北中研院歷史語言研究所，1964年。

中國科學院考古研究所：《長安張家坡西周銅器群》，文物出版社，1965年。

李濟、萬家保：《殷墟出土青銅爵形器之研究》，台北中研院歷史語言研究所，1966年。

李濟、萬家保：《殷墟出土青銅斝形器之研究》，台北中研院歷史語言研究所，1968年。

李濟、萬家保：《殷墟出土青銅鼎形器之研究》，台北中研院歷史語言研究所，1970年。

萬家保：《殷商青銅盔的金相學研究》，台北中研院歷史語言研究所，1970年。

李濟、萬家保：《殷墟出土五十三件青銅容器之研究》，台北中研院歷史語言研究所，1972年。

張光直，李卉、李光周、張充和：《商周青銅器與銘文的綜合研究》，台北中研院歷史語言研究所，1973年。

周法高主編，張日升、徐芷儀、林潔明編纂：《金文詁林》，香港中文大學，1974年。

黃然偉：《殷周青銅器賞賜銘文研究》，香港龍門書局，1978年。

北京大學歷史系考古教研室商周組：《商周考古》，文物出版社，1979年。

高明：《古文字類編》，中華書局，1980年。

徐中舒主編：《漢語古文字字形表》，四川人民出版社，1980年。

中國社會科學院考古研究所：《殷墟婦好墓》，文物出版社，1980年。

唐蘭：《古文字學導論》1935年12月手寫石印講義本；齊魯書社，1981年。

譚旦冏：《銅器概述》，台北故宮博物院，1981年。

《雲南青銅器論叢》編輯組：《雲南青銅器論叢》，文物出版社，1981年。

郭寶鈞著，鄒衡、徐自強整理：《商周青銅器群綜合研究》，文物出版社，1981年。

馬承源：《中國古代青銅器》，上海人民出版社，1982年。

羅福頤釋文：《三代吉金文存釋文》，香港問學社，1983年。

高明：《中國古文字學通論》，文物出版社，1983年。

杜迺松：《中國古代青銅器簡說》，書目文獻出版社，1984年。

姜亮夫：《古文字學》，浙江人民出版社，1984年。

李學勤：《古文字學初階》，中華書局，1985年。

唐蘭：《西周青銅器銘文分代史徵》，中華書局，1986年。

張亞初、劉雨：《西周金文官制研究》，中華書局，1986年。

李學勤：《中國青銅器的奧秘》，台北谷風出版社，1986年。

林澐：《古文字研究簡論》，吉林大學出版社，1986年。

陳煒德、唐鈺明：《古文字學綱要》，齊魯書社，1986年。

陳初生：《金文常用字典》，陝西人民出版社，1987年。

吳鎮烽：《金文人名匯編》，中華書局，1987年。

孫詒讓著、戴家祥校點：《古籀餘論》，華東師範大學出版社，1988年。

馬承源主編：《中國青銅器》，上海古籍出版社，1988年。

盧連成、胡智生：《寶雞魚國墓地》，文物出版社，1988年。

何琳儀：《戰國文字通論》，中華書局，1989年。

（日）白川靜：《金文的世界》，台北聯經出版社，1989年。

劉朔、陳抗、陳初生、董琨：《商周古文字讀本》，語文出版社，1989年。。

李學勤：《新出青銅器研究》，文物出版社，1990年。

尹盛平主編：《西周微氏家族青銅器群研究》，文物出版社，1991年。

陳漢平：《金文編訂補》，中國社會科學出版社，1993年。

中國科學院考古研究所：《殷墟的發現與研究》，科學出版社，1994年。

戴家祥主編、馬承源副主編：《金文大字典》，學林出版社，1995年。

故宮博物院：《唐蘭先生金文論集》，紫禁城出版社，1995年。

劉彬徽：《楚系青銅器研究》，湖北教育出版社，1995年。

李學勤：《中國青銅器概說》，外文出版社，1995年。

杜廼松：《中國青銅器發展史》，紫禁城出版社，1995年。

朱鳳瀚：《古代中國青銅器》，南開大學出版社，1995年。

馬承源：《青銅禮器》，台北幼獅文化事業公司，1996年。

盧連成：《青銅文化的寶庫——殷墟發掘記》，四川教育出版社，1996年。

李伯謙：《中國青銅文化體系研究》，科學出版社，1997年。

葉正渤：《商周青銅器銘文簡論》，中國礦業大學出版社，1998年。

王世民等：《西周青銅器分期斷代研究》，文物出版社，1999年。

高至喜：《商周青銅器與楚文化研究》，岳麓書社，1999年。

曹淑琴：《青銅器史話》，中國大百科全書出版社，2000年。

劉昭瑞：《宋代著錄商周青銅器銘文箋證》，中山大學出版社，2000年。

熊也：《中國青銅器概覽》，巴蜀書社，2000年。

丁孟：《故宮藏先秦青銅器》，紫禁城出版社，2001年。

張懋鎔：《古文字與青銅器論集》，科學出版社，2002年。

楊波：《青銅器》，山東友誼出版社，2002年。

李松：《中國古代青銅器藝術》，陝西人民出版社，2002年。

楊建光主編：《走近青銅器》，上海書畫出版社，2002年。

馬承源：《中國青銅器研究》，上海古籍出版社，2002年。

徐天進：《吉金鑄國史》，文物出版社，2002年。

彭裕商：《西周青銅器年代綜合研究》，巴蜀書社，2003年。

張光直：《青銅揮塵——學苑英華》，上海文藝，2000年。

范小平：《古蜀王國的藝術星空——三星堆青銅文化研究》，巴蜀書社，2003年。

彭裕商：《西周青銅器年代綜合研究》，巴蜀書社，2003年。

張廷皓主編：《盛世吉金》，北京出版社，2003年。

施勁松：《常江流域青銅器研究》，文物出版社，2003年。

李海榮：《北方地區出土夏商周時期青銅器研究》，文物出版社，2003年。

丁孟：《中國青銅器真偽識別》，遼寧人民出版社，2004年。

肖夢龍、劉偉主編：《吳國青銅器綜合研究》，科學出版社，2004年。

李朝遠：《中國青銅器》，五洲傳媒出版社，2004年。

祝中熹、李永：《青銅器》，敦煌文藝出版社，2004年。

陳佩芬：《夏商周青銅器研究——上海博物館藏品》，上海古籍出版社，2004年。

杜迺松：《古代青銅器》，文物出版社，2005年。

趙瑞民：《晉系青銅器研究》，山西人民出版社、文物出版社，2005年。

姚智輝：《晚期巴蜀青銅器技術研究及兵器斑紋工藝探討》，科學出版社，2006年。

李龍章：《嶺南地區出土青銅器研究》，文物出版社，2006年。

國家圖書館出版品預行編目資料

你應該知道的200件青銅器＝Bronzes／

丁孟主編：北京故宮博物院編.──

初版.──台北市：藝術家，2007.10

面17×24公分.　（故宮收藏）

ISBN　978-986-7034-64-9（平裝）

1.青銅器　2.圖錄

793.3　　　　　　　　　　　96018254

你應該知道的200件青銅器

北京故宮博物院　編／丁　孟　主編

發行人　何政廣

主　編　王庭玫

編　輯　王雅玲、謝汝萱

美　編　柯美麗

出版者　藝術家出版社
　　　　台北市重慶南路一段147號6樓
　　　　TEL：（02）2388-6715～6
　　　　FAX：（02）2331-7096
　　　　郵政劃撥：0104479-8號　藝術家雜誌社帳戶

總經銷　時報文化出版企業股份有限公司
　　　　倉庫：台北縣中和市連城路134巷16號
　　　　電話：（02）23066842

南部區域代理　台南市西門路一段223巷10弄26號
　　　　　　　TEL：（06）261-7268
　　　　　　　FAX：（06）263-7698

印　刷　欣佑彩色製版印刷有限公司

初　版　2007年（民國96）10月

定　價　台幣380元

ISBN　978-986-7034-64-9（平裝）

法律顧問　蕭雄淋

行政院新聞局出版事業登記證局版台業字第1749號

本書中文繁體版由紫禁城出版社　授權